本书是中共山东省委党校（山东行政学院）重大项目攻关创新"中国共产党纪律建设的历史考察与路径优化研究"（项目编号：2024CX056）的研究成果

强基固本

党的纪律建设研究

王启超 著

天津出版传媒集团

天津人民出版社

图书在版编目（CIP）数据

强基固本 ： 党的纪律建设研究 / 王启超著.
天津 ： 天津人民出版社，2025. 4. -- ISBN 978-7-201
-21147-3

Ⅰ. D262.13

中国国家版本馆 CIP 数据核字第 2025PD0073 号

强基固本:党的纪律建设研究
QIANGJI GUBEN: DANG DE JILÜ JIANSHE YANJIU

出　　版	天津人民出版社
出 版 人	刘锦泉
地　　址	天津市和平区西康路35号康岳大厦
邮政编码	300051
邮购电话	（022）23332469
电子信箱	reader@tjrmcbs.com

策划编辑	郑　玥
责任编辑	佐　拉
装帧设计	汤　磊

印　　刷	天津新华印务有限公司
经　　销	新华书店
开　　本	710毫米×1000毫米　1/16
印　　张	15
插　　页	2
字　　数	260千字
版次印次	2025年4月第1版　2025年4月第1次印刷
定　　价	89.00元

目录 ►►►
CONTENTS
★★★★★

第一章

纪律是管党治党的『戒尺』

纪律是管党治党的『戒尺』，也是党员、干部约束自身行为的标准和遵循。要把纪律建设摆在更加突出位置，党规制定、党纪教育、执纪监督全过程都要贯彻严的要求，既让铁纪『长牙』、发威，又让干部重视、警醒、知止，使全党形成遵规守纪的高度自觉。

——2023年1月9日，习近平总书记在二十届中央纪委二次全会上的讲话

党的纪律是党的各级组织和全体党员必须遵守的行为规则，是维护党的团结统一、完成党的任务的保证。党组织必须严格执行和维护党的纪律，党员必须自觉接受党的纪律的约束。中国共产党是用革命理想和铁的纪律组织起来的马克思主义政党，纪律严明是党的优良传统和独特优势。

一、党的纪律的概念及特征

（一）党的纪律的概念

纪律是在一定社会条件下形成的，由特定组织按照一定程序制定或认可，在组织内部普遍适用、要求其成员共同遵守的行为规则。纪律具有强制性，要求某特定组织中的成员遵守一定的规则、执行有关要求、履行特定职责，如果违反有关纪律，行为人就会受到相应的惩戒。纪律一般由纪律规范、纪律原则、纪律概念三个要素构成。纪律规范就是具体规定人们的权利和义务并设置相应的违反纪律后果的行为规则，纪律原则就是构成纪律规范最基本并相对稳定的准则，纪律概念就是对各种纪律事实进行抽象概括而形成的权威性术语。

从表现形式来看，纪律的种类多种多样，既可以是成文的，也可以是不成文的。在现实生活中，有的纪律是以明确条文形式出现的，比如章程、守则、条例、制度、规定、注意事项等；有的纪律是以口头形式让大家周知的；有的纪律则是以传统、习惯或约定俗成的惯例存在和被使用的。从基本特点来看，尽管纪律的表现形式不同，但作为特定组织或团体的纪律，一般都具有许多共同的特点，比如，组织创制性、普遍适用性、强制实施性。组织创制性是指纪律是由特定组织制定或认可的；普遍适用性是指纪律对组织内部的一切单位和个人都适用，具有同等的约束力；强制实施性是指纪律一经制定就具有强制性，依靠组织力量保证实施。从作用和功能来看，任何一个组织创制纪律，其目的都是维护组织自身的利益。一般来说，纪律通常具有规范、引导、教育、评价、惩戒、保护等作用，政治组织的纪律还具有政治作用。

(二)党的纪律的特征

同其他政党和组织的纪律相比，中国共产党的纪律具有鲜明的特征，主要表现在以下四个方面。

1.先进性

党的纪律的先进性，是指党的纪律相较于其他政党、组织和团体的纪律表现出来的更优秀、更先进的特征。党的纪律的先进性包括互相联系的两层含义：一方面，党的阶级先进性决定党的纪律的先进性。工人阶级是先进生产力的代表和先进生产关系的体现者。工人阶级与社会其他阶级相比较所表现出来的这种先进性，决定了工人阶级政党的纪律也必然较其他阶级政党的纪律具有先进性。同时，"党是阶级的先进觉悟阶层，是阶级的先锋队"，中国共产党是中国工人阶级的先锋队，代表了中国工人阶级中最先进的部分。这就决定了党的纪律的先进程度必然高于工人阶级其他组织的纪律。另一方面，党的人民性决定了党的纪律的先进性。中国共产党不同于只代表特定阶级利益的其他政党，是中国人民和中华民族的先锋队，代表了中国最广大人民的根本利益。所以党的纪律体现的不仅仅是工人阶级的意志，还包括中国人民的共同意志，反映的是中国人民的共同利益，具有最大范围的群众认同度。此外，党的纪律的时代性也体现了党的纪律的先进性。党的纪律不是一经制定就永恒不变的教条，它的具体内容会随着形势的发展和时代的变化而与时俱进,不断调整、充实、丰富和完善。

2.科学性

党的纪律的科学性,是指党的纪律的制定程序和具体内容符合马克思主义执政党的建设规律,体现党的长期执政能力建设、先进性和纯洁性建设的主线要求,适应新时代新形势新任务和党的组织、党员的现实状况。从指导思想上看,党的纪律以马克思主义为指导,建立在辩证唯物主义和历史唯物主义理论基础之上,是马克思主义建党学说中国化的重要内容。从纪律的制定来看,党的纪律是严格按照民主集中制原则,依照一定的民主程序,在广泛征求意见和党的会议讨论通过的基础上产生的,既坚持科学性、民主性,又体现了谨慎、严密、周全的程序性。从纪律的内容来看,党的纪律是以党章为核心的较为完备的纪律规范体系,内容涵盖政治、组织、群众、廉洁、工作、生活等各领域、各层级,形式既有实体性纪律,也有程序性纪律,还有相应的监督纪律,使党的各项活动都有纪可依。同时,我们党还十分注重党的纪律与国家法律的协调配合,坚持纪严于法、纪在法前,使党纪与国法有效贯通、彼此衔接,真正发挥党纪与国法的整体合力。

3.严肃性

党的纪律的严肃性,是指党的纪律具有要求党组织和党员必须严格执行、遵守和维护的权威性,以及对于违反纪律的行为作出相应处分的强制性。马克思主义政党之所以有力量,是因为它有严密统一的组织,而组织作用的有效发挥则依赖于严格的纪律。如果党不制定和维护铁的纪律,或者纪律的权威性、严肃性不够强,允许党的某些组织和党员按照各自的意愿自由行动,那么,党就不可能形成统一的意志和统一的行动,党组织必然松散无力,党就不可能具有强大的战斗力。一方面,党的纪律是党和人民利益和意志的体现,它一经制定实施,就具有强制性和约束力,党的各级组织和全体党员都必须服从和执行,一旦违反纪律就必须受到相应的处分。另一方面,党组织和党员遵守党的纪律是无条件的,不能把任何组织或个人认为是否正确作为遵守与否的前提条件。

4.平等性

党的纪律的平等性,是指所有党员不论职务高低、资历深浅、功劳大小,在党的纪律面前人人平等,不管谁违反了纪律,都要受到相应的惩处。无产阶级政党的本质属性决定了其成员在政治地位上一律平等,决定了其纪律是真正平等的纪律、统一的纪律。党员之间有职务分工的不同,有掌握权力大小的不同,但党内不允许有特权党员,任何党员都没有凌驾于群众之上的特殊权利。党的纪律的平等性主要体现在两个方面:一方面,纪律的标准是统一的、平等的。党内任何人、任何组织都必须按照统一的标准遵守和执行纪律,纪律面前没有"双重标准",不允许搞差异化、特殊化。另一方面,纪律的约束力和惩戒性是统一的、平等的。党内无论任何组织、任何人,只要违反了纪律规定,就必须受到纪律的惩罚和追究,决不允许违反纪律的党员逍遥于纪律惩处之外。

二、党的纪律的内涵与渊源

(一)党的纪律的内涵

当人类社会进入资本主义阶段,政党作为阶级利益冲突的产物便应运而生。政党纪律作为政党组织及其成员的行为规则,也就自然产生了。中国共产党的纪律属于政党纪律的范畴,具有政党纪律的一般共性,同时又具有不同于其他任何政党的鲜明特性。

1.政党纪律的含义

随着民主政治的不断发展,政党政治成为世界范围内各国普遍的政治现象,是现代政治的重要标志之一。从本质上讲,政党是特定阶级利益的代表者，是特定阶级政治力量中的领导力量，是各阶级的政治中坚分子为了夺取或巩固国家政权而组成的政治组织。为了有效发挥政党的领导作用，实现党的宏伟目标和政治纲领，政党必须制定成员共同遵守的行为规范，这是任何政党存在并进行政党活动不可缺少的条件。新诞生的政党需要用严明的纪律调整党内关系、凝聚自身力量并发展壮大队伍；当政党取得执政地位后，更需要用统一的纪律约束成员，以巩固执政地位。政党纪律是政党内部行为规范的总称，是一个政党各级组织和全体党员必须遵守的行为规则，对政党内部组织系统和党员言行起着严格的规范和约束作用。从横向来看，政党内部存在党员个体之间、同级组织之间等平行关系；从纵向来看，政党内部存在党员与组织、党员与领导干部、地方组织与中央组织等垂直关系。这些不同个体、不同组织按照一定的规则组合起来，形成具有特定内部关系结构的组织体系。这是政党运作的主体，也是主要的力量来源。

由于各国国情和政治制度不同，各个政党的性质也不相同，在不同执政党之间、执政党与在野党之间，或者在一党制、两党制和多党制等不同政党制度下，政党纪律的严明程度也不完全相同。一般而言，无产阶级政党的纪律较为严明，资产阶级政党的纪律较为松弛。无产阶级政党在领导工人阶级和其他劳动群众反抗资产阶级的斗争中，面对强大的资本主义国家机器和极其严峻的斗争环境，要取得革命斗争的胜利，必须执行铁的纪律，否则就无法保持党的统一意志和行动一致，无法保持党的强大战斗力，就难以战胜资产阶级，取得工人阶级和劳动人民的解放。而资产阶级政党的纪律通常是用于约束党员在竞选中投本党候选人的选票或在议会表决中实现本党政治意图的手段，由于缺少革命性和斗争性，其严密程度远远低于无产阶级政党的纪律。当然，不同国家和不同类型资产阶级政党纪律的严密程度也不尽相同。

2.中国共产党的纪律的含义

中国共产党作为以马克思主义为指导的无产阶级政党，自诞生之日起就与严明的纪律密不可分。党的纪律就是党的生命。党章作为党的根本大法，对党的纪律作出了明确表述："党的纪律是党的各级组织和全体党员必须遵守的行为规则，是维护党的团结统一、完成党的任务的保证。党组织必须严格执行和维护党的纪律，共产党员必须自觉接受党的纪律的约束。"这一表述准确界定了党的纪律的基本属性和重要作用，全体党员和各级党组织都要充分认识遵守党的纪律的重要性，严格遵守党的纪律。

（二）党的纪律思想的渊源

无产阶级政党的纪律思想是马克思主义建党学说的重要内容。马克思、恩格斯在领导工人运动和创建无产阶级政党的斗争实践中，提出了许多关于无产阶级政党纪律的重要思想和论述。列宁在领导苏俄社会主义革命和建设的实践中，对无产阶级政党纪律作了进一步探索和思考，创造性地提出了无产阶级政党"铁的纪律"等一系列较为系统的纪律思想。这些关于无产阶级政党纪律的诸多重要思想，是中国共产党纪律建设的思想基础和理论来源，为新时代党的纪律建设提供了科学的理论指南。

1.马克思、恩格斯关于无产阶级政党纪律的论述

第一，严格的纪律是建设坚强的无产阶级政党的首要条件。在早期欧洲共产主义运动中，面对内有严重党派斗争、外有资产阶级政府镇压迫害的严峻形势，马克思、恩格斯指出了纪律对于无产阶级政党事业的极端重要性。1859年5月18日，马克思在《致恩格斯》的信中明确指出："我们现在必须绝对保持党的纪律，否则将一事无成。"1886年10月23日，恩格斯在《致保尔·拉法格》的信中指出："胜利的首要条件是严格遵守法律，而一切革命的高调和喧嚷都不可避免地会导致失败。这种纪律是一个有成效的和坚强的

组织的首要条件,是资产阶级最害怕的。"在马克思、恩格斯看来,严格的纪律是无产阶级政党赢得胜利的重要前提和保证。

第二,无产阶级政党纪律的核心内容是集中、权威和团结统一。马克思、恩格斯特别重视无产阶级政党内部的团结问题,所以将其作为党的纪律的重要内容。1868年12月22日,针对国际工人协会内部出现的巴枯宁宗派分裂主义,马克思在《国际工人协会和社会主义民主同盟》中指出:"既在国际工人协会之内,又在该协会之外进行活动的第二个国际性组织的存在,必将使协会陷于瓦解",这样"国际工人协会很快就会变成任何一个种族和民族的阴谋家手中的玩物"。恩格斯在批判巴枯宁派时指出:"巴枯宁派对什么一不如意,他们就说,这是权威的,以为这样一来他们就作出了永远的判决……而没有这种统一的和指导性的意志,要进行任何合作都是不可能的。"恩格斯深刻地揭示出:"革命无疑是天下最权威的东西。""为了进行斗争,我们必须把我们的一切力量拧成一股绳,并使这些力量集中在同一个攻击点上",而"获得胜利的政党如果不愿意失去自己努力争得的成果,就必须凭借它以武器对反动派造成的恐惧,来维持自己的统治"。显然,这个武器很重要的一方面就是要有严明的政党纪律。

第三,无产阶级政党纪律是自觉和民主的纪律。马克思、恩格斯认为,无产阶级政党的纪律是建立在共同的革命理想和目标、共同利益基础上的自觉纪律。1861年4月,恩格斯在《布莱顿和温伯耳登》中写道:"我用'纪律'这个词,并不是指纠正不良行为说的;我说的纪律,是指成了习惯的团结一致,即旨在实现一定目的的那种精神和肉体的结合,——这种精神和肉体的结合使一切作为一个整体来行动,使一个连、一个营或一个旅的行动就像一部机器一样。"在恩格斯看来,无产阶级政党的纪律能否得到遵守,要靠纪律遵守者的"自觉性"。而自觉纪律所体现出来的,则是建立在理性基础上的绝对服从。恩格斯通过对军队纪律的论述,指出,"兵士对自己的直接长官是否信任（甚至在不止一次的失败以后），是有无纪律的最好标志"。同时，马克思、恩格斯所强调的纪律，不是简单的领袖个人或少数人的集权或集中，而是建立在民主基础上的纪律。

第四，无产阶级政党纪律的组织原则和纪律规范。1847年6月，共产主义者同盟第一届代表大会拟定了《共产主义者同盟章程》，并于1847年11月在同盟第二次代表大会上批准通过。马克思、恩格斯积极参加了该章程的起草工作，章程反映了他们为无产阶级政党纪律建设提供的一系列组织原则和纪律规范。

2.列宁关于党的纪律的思想论述

第一，铁的纪律是无产阶级的显著特点和优势。列宁认为，无产阶级政党之所以具有严明的纪律，是因为资本主义社会大生产条件下的无产阶级自身所处的历史地位决定的。1904年，他在《进一步，退两步》中指出："马克思主义是由资本主义训练出来的无产阶级的思想体系"，"工厂是资本主义协作的最高形式，它把无产阶级联合了起来，使它纪律化"，"正因为无产阶级在这种工厂'学校'里受过训练，所以它特别容易接受资产阶级知识分子难以接受的纪律和组织"。在俄国社会民主工党创立之前，列宁针对工人运动长期处于秘密状态的特点，在1897年底写的《"斗争协会"告彼得堡工人和社会主义者》一文中指出："不加强和发展革命的纪律、组织和秘密活动，就不可能同政府进行斗争。"俄国十月革命胜利后，列宁从多个角度阐述了党的纪律对巩固无产阶级政权的极端重要性。列宁认为，之所以能够粉碎帝国主义武装干涉和国内反革命叛乱，巩固新生的苏维埃政权，是"因为党纪律严明……没有纪律，没有集中制，我们决不能完成这个任务"。他强调，"要使无产阶级能够正确地、有效地、胜利地发挥自己的组织作用（而这正是它的主要作用），无产阶级政党的内部就必须实行极严格的集中和极严格的纪律"。进入社会主义建设时期，列宁在俄共（布）第九次代表大会上强调，

"现在的任务是要把无产阶级所能集中的一切力量,把无产阶级的绝对统一的力量都投到经济建设这一和平任务上去,都投到恢复被破坏了的生产这一任务上去。这里需要有铁一般的纪律,铁一般的组织"。

第二,党的纪律是行动一致和批评自由的统一。1906年11月,列宁在《同立宪民主党化的社会民主党人的斗争和党的纪律》一文中明确提出了党的纪律的概念:"我们已经不止一次从原则上明确地谈了我们对工人政党的纪律的意义和纪律的概念的看法。行动一致,讨论和批评自由——这就是我们明确的看法。"在列宁看来,无产阶级政党的纪律是由两个基本要素构成的,首先是"行动一致",这是对党员义务的规定;同时保证"讨论和批评自由",这是对党员权利的规定。列宁认为,党的纪律的两个基本要素是辩证统一的关系。一方面,讨论和批评自由不能破坏和妨碍行动一致。另一方面,行动一致要以讨论和批评自由为前提。鉴于此,列宁提出:"在这些统一的组织里,应当对党内的问题广泛地展开自由的讨论,对党内生活中各种现象展开自由的、同志式的批评和评论。"

第三,党的纪律是无产阶级自觉的纪律。列宁继承了马克思、恩格斯的思想,认为无产阶级政党的纪律是建立在自觉基础上的铁的纪律。列宁指出:"无产阶级革命政党的纪律是靠什么来维持的?是靠什么来检验的?是靠什么来加强的?第一,是靠无产阶级先锋队的觉悟和它对革命的忠诚,是靠它的坚韧不拔、自我牺牲和英雄气概。"俄国十月革命胜利后,列宁进一步深入论述了无产阶级政党纪律的自觉性。列宁在《伟大的创举》一文中指出:"共产主义的社会劳动组织——其第一步为社会主义——则靠推翻了地主资本家压迫的劳动群众本身自由的自觉的纪律来维持,而且愈向前发展就愈要靠这种纪律来维持。"列宁还指出:"我们废除资产阶级社会内违反大多数人的意志而实行的强迫纪律,代之以工农的自觉纪律……没有这样的工农的自觉纪律,我们的事业就毫无希望。"1918年7月5日,列宁在《在全俄苏维埃第五次代表大会上关于人民委员会工作的报告》中指出："这种纪律就是信任工人和贫苦农民的组织性的纪律,是同志的纪律,是对人非常尊重的纪律,是在斗争中发挥独创性和主动性的纪律。"

第四,党的纪律是平等的纪律。列宁非常重视无产阶级政党纪律的平等性,认为党内无论职务高低,任何人都必须毫无例外地遵守党的纪律,严格执行党的纪律。针对马尔托夫等孟什维克者声称党的纪律不应约束党的上层人物,列宁严厉地指出,觉悟的工人"应当学会不仅要求普通党员,而且要求'上层人物'履行党员的义务"。1905年,列宁在《关于俄国社会民主工党第三次代表大会的通知》中明确指出："全体党员不分上下都必须无例外和无条件地承认党的纪律!"1907年,列宁在《社会民主党和杜马选举》一文中再次强调,"俄国社会民主工党是民主地组织起来的。这就是说,党内的一切事务是由全体党员直接或者通过代表,在一律平等和毫无例外的条件下来处理的"。

三、党的纪律的功能和作用

(一)党的纪律是实现党的路线、方针、政策的重要保证

为了实现历史使命,党必须有正确的理论和路线指引,必须遵守严格的统一的纪律。只有遵循严明的纪律,才能确保党的路线、方针和政策得以执行。如果任由各级党组织和党员按照自己的意愿和主张行事,而不受党的纪律制约,就会导致党的路线、方针和政策无法落实,党的任务无法完成。自党的十一届三中全会以来,党在总结历史经验的基础上,制定了中国特色社会主义的路线、方针和政策。在这个新的历史时期,党的纪律对于党的路线、方针和政策的保障作用变得更为重要。

(二)党的纪律是维护党的团结统一的重要保证

为了确保完成党的最高使命,我们党必须保持高度集中统一,党组织必须团结、有战斗力。党的团结统一是建立在民主集中制基础上的组织上的一致。保持党在思想、政治和组织上的团结统一,必须坚决遵循"四个服从"的原则。其中最重要的是全党服从中央,做到中央领导下的组织行动一致。如果有异议,党员可以通过组织程序向党反映,但决定一经作出,必须坚决服从、认真贯彻。党的纪律绝对不允许派别组织存在,反对任何形式的宗派主义和非组织活动。同时,也不能有阳奉阴违的两面派行为或阴谋诡计,否则就会严重破坏党的团结统一。

(三)党的纪律是巩固和发展党同人民群众密切联系的重要保证

人民群众是我们党的力量源泉和胜利之本。我们党能否始终保持和发展同人民群众的血肉联系,直接关系到党的盛衰兴亡。因此,党必须与人民群众保持密切的联系,并加强党的纪律建设。这是维护群众利益的重要条件。在战争年代,党员为了人民的利益不惜流血牺牲,同时也严格遵守纪律。因为我们党严明的纪律体现出大公无私的品格和全心全意为人民服务的精神,所以我们党才得以同广大群众结成血肉相连的亲密关系,赢得了人民群众的衷心爱戴和拥护。今天,中国式现代化是强国建设、民族复兴的康庄大道,依然需要亿万人民群众的拥护和支持。只有紧紧依靠广大人民群众干事创业,才能全面建成社会主义现代化强国,实现中华民族伟大复兴的中国梦。

四、党纪与国法的辩证关系

(一)在认识上同异并存

党纪是中国共产党纪律的简称，是党为实现党纲和决策而制定的约束党组织和党员的行为准则和规范，是党维护行动统一，提高党员质量，实现政纲、政策并保持社会信誉的重要条件之一；其表现形式为党章、准则、条例、规定、要求等，其核心是党章。国家法律法规是中华人民共和国法律法规的简称，是国家按照统治阶级(中国共产党和广大人民)的利益和意志制定或认可，并由国家强制力保证其实施的行为规范的综合，其目的是维护有利于统治阶级的社会关系和社会秩序，是统治阶级实现统治的一项重要工具；其表现形式为宪法、法律、行政法规、地方性法规等，核心是宪法。

我国宪法在序言中对中国共产党的执政党领导地位给予了明确规定，并规定包括中国共产党在内的所有组织和个人都必须遵守宪法和法律，对一切违反宪法和法律的行为必须予以追究，任何组织或个人都不得有超越宪法和法律的特权。党章明确规定：党必须在宪法和法律的范围内活动，党员要模范遵守国家的法律法规。由此可见，党纪与国家法律法规在性质上是一致的，都是为了落实党的政策，实现广大人民的意志，完成改革发展稳定的任务，宗旨都是全心全意为人民服务，功能都是为了维护公平正义的社会秩序。

既然党纪与国家法律法规是两个不同层面的概念，那么两者就必然存在不同之处。一是制定主体不同。党纪由党的代表大会或委员会制定，而国家法律法规由全国人大及其他有立法权的机构制定。二是适用对象不同。党纪的适用对象是全体党组织、党员，而国家法律法规的适用对象是全体社会组织和公民。三是具体内容不同。党纪既包括维护社会秩序和国家、个人权益的规范内容,也包括对党员遵守社会道德、公序良俗、个人品格等领域的规范,而国家法律法规主要是对国家、社会、个人利益保护领域的规范内容,基本不涉及道德领域的规范。

综上所述,党纪与国家法律法规同异并存,以同为主,以异为辅,其本质是一致的,全面推进依法治国必须坚持党的领导,必须坚定不移地推进依规治党,实现依法治国与依规治党的辩证统一、同行同向。

(二)在内容上衔接互补

党纪的约束对象是党组织和党员,着重从维护政治纪律、组织纪律、廉洁纪律、群众纪律、工作纪律、生活纪律、社会主义经济秩序、党员与公民权利、社会主义道德和社会管理秩序等方面制定规范性要求,给予引导、约束和惩处。国家法律法规的约束对象是所有社会组织和公民,主要从刑事、治安管理等角度进行规范管理。习近平曾提出要善于将党的意志通过法定程序上升为国家法律,将党的政策转化为法律。从内容上来看,党纪比国家法律法规的范围更广泛,法律立足维护国家、社会、个人权益的角度制定规范,基本不干涉政治思想、组织人事、社会道德、公序良俗、个人品格等领域,而党纪却对全体党员尤其是党员领导干部,从遵守纪律、社会主义道德、社会秩序、公序良俗等方面给予了较为全面的规范和约束。我们要经常对党和国家法律法规领域的新情况、新问题进行查找研究,在有些新现象、新事物、新行为对国家、社会、他人造成了一定危害,但又不便在法律上给予规范时,可先在党纪上进行规范,确保执政党管理国家、规范行为的周全,如"三公消费"行为;而党纪规范已经比较成熟,实践证明它符合法理精神和现实需求,应该及时通过法定程序将其上升为法律规范。

(三)在运用上界限分明

党和国家法律法规基于主体、对象、内容、程序等方面的差异,自然也就决定了在处理结果上的不同。对党员的纪律处分,包括警告、严重警告、撤销党内职务、留党察看和开除党籍,党组织在维护党的纪律方面失职,要进行改组或予以解散。国家法律法规的处理包括管制、拘役、有期徒刑、无期徒刑、死刑和罚金、剥夺政治权利、没收财产等。党纪的处分主要是资格性处罚,而国家法律法规的处理主要是自由型、权利型、财产型处罚,就对被处理对象及家庭的影响程度来说,国家法律法规的处理比党纪的处理更严重,而且现实中国法律的处罚一般会引起党纪的处罚,如党章第四十条规定,严重触犯刑律的党员必须开除党籍。虽然党纪与国家法律法规两者性质相同、目标同向、相辅相成,但两者在事实的认定、程序与处理等方面仍有较大不同。基于维护法律权威和惩治的需要,运用党纪和国家法律法规就必须做到界限分明,仅违反党纪的就应按党纪处分,仅违反法律的就要严格依法处罚,如果同时构成违纪和违法,就应该从党纪和国家法律法规的角度给予双重处理,该移送司法机关的必须移送司法机关,避免和杜绝以党纪处分代替法律制裁。

参考阅读

信仰迷失必入歧途　祛除精神之毒

云南省纪委派驻省人大机关原纪检组组长罗某某自封"活佛",骗取500多万元扶贫资金建寺庙;贵州省财政厅原党组成员、副厅长冉某某长期参加各种封建迷信活动,神化、鼓吹"仙祖"等迷信身份;湖南省常德市委原书记杨某某经常烧香磕头,祈求菩萨保佑自己升官发财……近段时间,多地纪委监委推出反腐专题片,剖析典型案例,以案促改促治。遇到问题请"大师"指点迷津,随身携带"护身符",家中供奉佛像甚至修建佛堂,在这些案例中,迷信是不少落马党员干部的共性问题。

有人"求平安"——重庆市万州区生态环境局原党组书记、局长刘某在家中供奉佛像。他深知自己所作所为严重违反党纪国法,但为了消除内心的担忧和恐慌,依然在家供奉佛像,求助神佛保佑。有人"求仕途"——海南省海口市公交集团有限公司原党委书记、董事长王某某按照"大师"的指点,购来三口铜钟放置于公司,要求值班人员早晚各敲几次,以保自己仕途平顺。

"迷信行为多发生在这些干部成长的后半期。"江苏省响水县纪委监委第二审查调查室主任许华平分析,迷信的根本原因是政治上蜕变,思想上的"总开关"出了问题。某些党员干部长期忽视政治理论学习,放弃思想改造,背离初心使命,丧失朝气和锐气,利令智昏,心灵空虚,腐朽不健康的东西就会乘虚而入,思想和行动自然出现偏差,只好通过烧香拜佛,给自己空虚的内心找寄托,实际上心里装的只有金钱和私欲。

正如罗某某在《忏悔录》中所写,"在精神迷茫时,我不再去找组织谈心,而是选择去寺庙坐坐,听那些和尚讲一些佛教和鬼神方面的说法。渐渐地,我把马列主义抛之脑后,开始迷恋封建迷信,一心只想建塔修庙,保佑子孙后代,让自己死后灵魂有安放之处"。

除了这些貌似"虔诚的信徒",在另一些人眼中,参与迷信活动则是拓展"社交圈子"的好机会。比如,江苏省无锡市人民检察院原职务犯罪侦查和预防教育基地管理中心主任朱某某,不仅自己沉迷迷信,还鼓动身边的一些党员干部参与迷信活动,经常请"大师"为他们设计风水局、驱邪除病等。

"有些干部可能自己并不迷信,但他们错误地认为,能借此帮助自己拓展人脉。"无锡市纪委监委第六审查调查室主任许富伟分析，个别人积极充当迷信活动的掮客，实际上是想借助一些所谓的"世外高人""风水先生"为自己牵线搭桥，实现个人诉求。

迷信不仅断送自身的发展，更对党的事业、人民福祉带来巨大伤害，强化科学理论武装、加强思想建设、坚定理想信念是一项长期的系统工程，必须常抓不懈。

祛除迷信之毒，矫正"信仰偏离"，关键在于补足精神之钙。无锡市纪委监委成立市级"崇德倡廉"廉政宣讲团，根据不同层级党员干部需求，围绕党的创新理论、党章党规、党风廉政建设等内容"量身定制"备课，专题剖析迷信问题典型案例，引导党员干部坚定理想信念，增强党性修养，坚决清除封建迷信的思想杂草。云南省文山壮族苗族自治州纪委监委召开警示教育大会，警示党员干部深刻汲取罗某某理想信念崩塌、精神迷失的反面教训，严明政治纪律，并进一步健全完善加强教育和管理的工作机制，常态化开展督促指导和跟踪检查。

破除迷信风水等陋习，除了强化理想信念教育外，更要严肃纪律。浙江省衢州市柯城区纪委监委通过政府网、微信公众号、视频号、抖音等渠道，向社会公布《关于设立党员干部及国家公职人员组织参与封建迷信活动监督举报电话的公告》，详细列举了党员干部组织、参与封建迷信活动的违纪行为，加强社会监督，警示党员干部和公职人员远离封建迷信。

（来源：中央纪委国家监委网站，2023年2月16日，作者：沈东方）

第二章

纪律严明是党的光荣传统和独特优势

我们党是靠革命理想和铁的纪律组织起来的马克思主义政党，纪律严明是党的光荣传统和独特优势。党面临的形势越复杂、肩负的任务越艰巨，就越要加强纪律建设，越要维护党的团结统一，确保全党统一意志、统一行动、步调一致前进。

——2013年1月22日，习近平总书记在十八届中央纪委二次全会上的讲话

　　纪律严明是中国共产党的显著标志之一。党自成立之日起，就始终坚持用铁的纪律管党治党，把纪律建设摆在重要位置。在领导人民进行革命、建设、改革的各个历史时期，我们党逐渐形成、发展和完善党的纪律，不断推进党的纪律建设。一百多年的历史实践充分表明，加强党的纪律建设是我们党由小到大、由弱到强的关键因素，是推动党的事业不断取得伟大胜利的重要保证。

一、新民主主义革命时期党的纪律建设

　　从 1921 年中国共产党成立到 1949 年新中国成立，这 28 年是我们党成立、发展和壮大的关键时期，也是党的纪律的创立和形成阶段。在这一时期，无论是党的纪律的内容，还是党的纪律检查机关和纪律检查制度，都经历了从无到有、从创立到发展的过程。在新民主主义革命时期，党的纪律建设有着特殊的背景和意义。面对血雨腥风、战火纷飞、敌强我弱的险恶环境，我们党之所以能够生存下来，并不断巩固和壮大，最终取得革命胜利，是因为党有着铁一般的纪律。毛泽东始终把纪律作为党和军队取得胜利的根本保证，在领导创建人民军队的过程中提出了"三大纪律八项注意"，在全国革命胜利前夕又提出了"加强纪律性，革命无不胜"的著名口号。在他总结的中国共产党在中国革命中战胜敌人的"三大法宝"中，首先就是"一个有纪律的，有马克思列宁主义的理论武装的，采取自我批评方法的，联系人民群众的党"。

（一）党的纪律的产生

"十月革命一声炮响，给我们送来了马克思列宁主义。"中国共产党是在马克思主义同各种其他思潮的论战中诞生的。早期的共产主义者在对其他思潮的反思和论战中，就率先认识和提出了党的纪律，主张以俄国布尔什维克为榜样，党的组织必须集中统一，并且要有严格的纪律。蔡和森在1920年9月16日留法期间写给毛泽东的信中指出，党员"须守党的'铁的纪律'。党的组织为极集权的组织，党的纪律为铁的纪律，必如此才能养成少数极觉悟极有组织的分子，适应战争时代及担负偌大的改造事业"。1921年3月，李大钊在《曙光》月刊第2卷第2号上发表《团体的训练与革新的事业》一文，指出"成立一个强固精密的组织，并注意促进其分子之团体的训练"。在建党的过程中，1921年2月，陈独秀在广州起草了一份党章草案并寄给了在上海的李汉俊，主张党的组织应当采取中央集权制，强调党的组织纪律的重要性。1921年7月，陈独秀虽然没有参加党的一大，但是他写信让陈公博把信带到了会上。他在信中提出了关于党的组织与政策的四条意见，其中包括"党的民主集中制的运用"和"党的纪律"。虽然党的一大没有明确提出这两个概念，但陈独秀的意见受到了大会的重视并被采纳。

（二）党的纪律的初创

1921年7月，党的一大通过了《中国共产党第一个纲领》。它起到了临时党章的作用。党纲虽然条文比较简单，也没有明确提出"纪律"的概念，但其中有10条或多或少涉及广义上的党的纪律。例如，有关条文规定，"在加入我们队伍之前，必须与企图反对本党纲领的党派和集团断绝一切联系"，"候补党员必须接受其所在地的委员会的考察，考察期限至少为两个月。考查期满后，经多数党员同意，始得被接收入党"，"党员除非迫于法律，不经党的特许,不得担任政府官员或国会议员","在党处于秘密状态时,党的重要主张和党员身份应保守秘密","地方委员会的财务、活动和政策,应受中央执行委员会的监督",等等。这些规定实质上都是党的纪律的内容。党的一大制定的《中国共产党第一个决议》对党的宣传纪律作出了规定:"一切书籍、日报、标语和传单的出版工作,均应受中央执行委员会或临时中央执行委员会的监督……任何出版物,无论是中央的或地方的,均不得刊登违背党的原则、政策和决议的文章。"这些规定虽然比较简单,却为党组织的建立、管理、监督、巩固和发展发挥了作用,是党的纪律的萌芽。

由于当时条件所限,加之党初创之时缺乏经验,一大党纲对党的纪律的规定比较简单,不够具体和明确,纪律的执行也得不到保障。1922年7月,党的二大通过的第一部党章和有关决议,规定了多方面的纪律规范,在党的纪律建设史上具有开创性意义。

一是首次在党章中专设"纪律"一章。党章第四章"纪律"包含九条,明确规定了党的政治纪律、组织纪律、宣传纪律、工作纪律、保密纪律等。例如,第十七条至第二十四条关于党的中央执行委员会、区和地方执行委员会、党员之间关系的规定,是最重要的政治纪律和组织纪律;第二十五条中关于开除党员的规定,"言论行动有违背本党宣言、章程及大会各执行委员会之议决案","无故连续四个星期不为本党服务","泄漏本党秘密",都属于违反党的纪律的行为。

二是首次明确提出党的纪律的根本原则。《关于共产党的组织章程决议案》指出,"我们既然要组成一个做革命运动的并且一个大的群众党,我们就不能忘了两个重大的纪律:(一)党的一切运动都必须深入到广大的群众里面去。(二)党的内部必须有适应于革命的组织与训练",同时还规定了"严密的集权的有纪律的组织与训练"必须遵循的七条原则,包括"要有集权精神与铁的纪律"等。

三是首次初步确立了民主集中制原则。党的二大通过的《中国共产党加入第三国际决议案》所附的《第三国际的加入条件》承认党"必须建筑于德莫克乃西的中央集权的原则之上"，这是对民主集中制的早期翻译。二大党章规定："全国大会及中央执行委员会之议决，本党党员皆须绝对服从之"，"下级机关须完全执行上级机关之命令"，"一切会议均取决多数，少数绝对服从多数"，充分体现了民主集中制的基本原则。

四是首次规定了纪律处罚。二大党章第二十五条规定了开除党员的六种情形，并要求"地方执行委员会开除党员后，必须报告其理由于中央及区执行委员会"。同时，还规定了对党组织的纪律处理，"下级机关须完全执行上级机关之命令，不执行时，上级机关得取消或改组之"，"区或地方执行委员会所发表之一切言论倘与本党宣言章程及中央执行委员会之议决案及所定政策有抵触时，中央执行委员会得令其改组之"。

1923年6月党的三大通过的《中国共产党第一次修正章程》（通常称为"三大党章"），1925年1月党的四大通过的《中国共产党第二次修正章程》（通常称为"四大党章"），也都专门设立"纪律"一章，其内容基本沿袭二大党章的具体规定。这一时期，随着党组织和党员规模的迅速发展，党内出现了纪律松弛、组织涣散的现象。对此，陈独秀在党的三大政治报告中指出："党内存在着严重的个人主义倾向。党员往往不完全信赖党。"1924年11月，中央下发通告，要求加强党务工作，严明党的组织纪律。党的四大通过的《对于组织问题之议决案》指出，"在现在的时候，组织问题为吾党生存和发展之一个最重要的问题"。四大党章增加了关于党内报告的纪律规定，要求"凡党员离开其所在地时必须经该地方党部许可，其所前往之地如有党部时必须向该党部报到"。1926年8月，中央扩大会议发出《坚决清洗贪污腐化分子》的通告，指出在革命高潮时期，许多投机腐败分子会跑到革命队伍中来，"应该很坚决地清洗这些不良分子，和这些不良倾向作斗争"，要求"迅速审查所属同志,如有此类行为者,务须不容情地洗刷出党,不可令留存党中,使党腐化,且败坏党在群众中的威望"。这是党的历史上颁布的第一个惩治腐败的文件。

(三)革命根据地的纪律建设和"三大纪律八项注意"

土地革命战争时期,毛泽东在领导开辟革命根据地、创建工农红军的过程中,极为重视根据地党和红军队伍的纪律建设。由于根据地在农村,农民出身的党员和红军战士占绝大多数,再加上革命斗争环境异常艰苦,根据地党内和红军内存在着严重的非组织观点、无纪律等思想和政治问题。1929年12月,毛泽东为古田会议起草了《中国共产党红军第四军第九次代表大会决议案》(以下简称《决议案》),指出:"红军第四军的共产党内存在着各种非无产阶级的思想,这对于执行党的正确路线,妨碍极大。"毛泽东特别批判了党内和红军存在的单纯军事观点、极端民主化、非组织观点等错误倾向,提出了严明纪律解决这些问题的办法。《决议案》强调,"在组织上,厉行集中指导下的民主生活","党的纪律之一是少数服从多数","党内批评是坚强党的组织、增强党的战斗力的武器","严格地执行党的纪律,废止对纪律的敷衍现象",等等。《决议案》从思想上、政治上、组织上、纪律上初步回答了如何在农村环境中建设一支无产阶级革命队伍的问题,对于党和军队建设具有重大意义。

在这一时期,毛泽东提出的"三大纪律八项注意"是根据地党和红军纪律的生动体现。1927年10月24日,毛泽东在江西遂川荆竹山作部队动员时宣布了三大纪律:"一、行动听指挥;二、不拿群众一个红薯;三、打土豪要归公。"1928年1月25日,毛泽东在遂川县向部队进行纪律教育,提出了六项注意:"还门板,捆铺草,说话和气,买卖公平,不拉伕、请来伕子要给钱,不打人不骂人。"4月3日,毛泽东在桂东沙田第一次完整地解释了工农革命军的

"三大纪律六项注意"。三大纪律是：行动听指挥，不拿工人农民一点东西，打土豪要归公。六项注意是：上门板，捆铺草，说话和气，买卖公平，借东西要还，损坏东西要赔。后来，根据需要几经修改，逐渐演变为"三大纪律八项注意"。三大纪律是：一切行动听指挥，不拿群众一针一线，一切缴获要归公。八项注意是：说话和气，买卖公平，借东西要还，损坏东西要赔，不打人骂人，不损坏庄稼，不调戏妇女，不虐待俘虏。"三大纪律八项注意"是人民军队建军的纪律基础，对于确保政令畅通、培育纪律意识、严明军队纪律、密切党群军民关系、提高军队战斗力发挥了极其重要的作用，充分反映了中国共产党的严明纪律和优良作风。

（四）抗日战争时期党的纪律建设

遵义会议事实上确立了毛泽东在党中央和红军的领导地位，党在政治上开始走向成熟。抗日战争时期，党在极其艰苦的生存环境和严峻的对敌斗争中继续加强纪律建设，通过严明的纪律保证党的路线和各项政策的有力执行，维护党的团结和统一，领导人民军队英勇抗战，为党不断发展壮大和抗战胜利提供了坚强的纪律保障。

1.党的扩大的六届六中全会与政治纪律、组织纪律

1938年9月至11月，中共中央召开了扩大的六届六中全会。这次会议在党的历史上具有极为重要的意义。会议的重要成果之一就是对加强党的纪律建设作了深入研究和探索。会议制定并通过《关于中央委员会工作规则与纪律的决定》《关于各级党部工作规则与纪律的决定》等一系列重要文件，为党的组织建设和纪律建设提供了具体规范，是党在革命年代十分重要的党内法规制度和纪律规范。会议特别重申了党的政治纪律和组织纪律，要求全党认真实行党的民主集中制。会议通过的《中共扩大的六中全会政治决议案》明确规定，"每个共产党员应该爱护党和党的团结统一有如生

命"，"用以严格党的纪律，使党及其各级领导机关达到在政治上和组织上团结得如像一个人一样的程度"。毛泽东在会上作了《论新阶段》的报告，特别强调党的纪律，指出"纪律是执行路线的保证，没有纪律，党就无法率领群众与军队进行胜利的斗争"，强调"在今后，又必须坚持这种纪律，才能团结全党，克服新的困难，争取新的胜利……几个基本原则是不能忽视的：（一）个人服从组织；（二）少数服从多数；（三）下级服从上级；（四）全党服从中央"。

2. 整风运动开创纪律建设新形式

从 1942 年到 1945 年开展的整风运动，是一场全党范围内的普遍的马克思主义教育运动，为我们党增强党性、端正党风、严明党纪，推进党的建设伟大工程，进行了创造性的探索，积累了宝贵经验。1941 年 7 月，中央政治局审议通过的《中共中央关于增强党性的决定》指出，党内存在的违反党性和纪律特别是政治纪律、组织纪律的种种表现，提出党的政治地位和肩负的革命事业"要求全党党员和党的各个组成部分都在统一意志、统一行动和统一纪律下面，团结起来，成为有组织的整体"，要求在党内开展反对"分散主义""独立主义""个人主义"的斗争，"要在全党加强纪律的教育，因为统一纪律，是革命胜利的必要条件"。整风运动是我们党在实践中探索出的加强党的建设的一种特殊形式和有效途径，起到了思想建党、运动整党、纪律治党作用。通过党员"讨论和批评的自由"，达到"行动的一致"，加强党的集中统一，使遵守纪律成为自觉行动。经过整风运动，党员干部讲党性、守纪律、懂规矩蔚然成风。

3. 党的七大与纪律体系的完善

1945 年 4 月，党的七大在延安召开。党的七大是一次具有深远历史意义的大会，实现了全党思想上、政治上和组织上的空前团结。党的七大通过的《中国共产党党章》总结党的建设的历史经验教训，为丰富和发展党的纪律建设作出了重大贡献。作为党在新民主主义革命时期最完备的一部党章,七大党章在纪律建设方面主要有以下特点:一是把纪律作为党的组织基础写入总纲。二是深刻阐释了民主集中制原则。三是把遵守党纪作为党员的义务。四是专设"奖励与处分"一章,规定了纪律处分的类型、程序和方针等。五是设立"党的监察机关"一章,取消审查委员会。

但是,由于在党的七大召开后不久解放战争爆发,关于设立监察委员会的规定未能落实。这个时期,党的纪律检查工作由各级党委直接负责,日常具体工作由党委组织部门承担。党的七大关于纪律建设的一系列规定具有重要意义,标志着党的纪律的主要原则、基本内容、纪律执行等逐渐形成,为此后纪律建设的发展奠定了坚实基础,积累了宝贵经验。

(五)解放战争时期党的纪律建设

经过整风运动和党的七大,全党形成上下齐抓党风党纪的大好局面。解放战争时期,我们党的路线正确,党内生活正常,党的纪律严明,党的作风优良,党在人民群众中享有崇高威望,党内形成了上下团结一致、生动活泼的政治局面。我们党在严明党的纪律中迎来了新民主主义革命的伟大胜利和新中国的成立。

1.请示报告制度的建立

1947年下半年,人民解放战争进入了反攻阶段,各路大军捷报频传。但是,在胜利进军的大好形势下,党内发生了无组织无纪律的现象,在执行土改和工商业改革中出现了"左"的问题。为了加强党的集中统一领导和组织纪律,为战争胜利提供根本组织保证,我们党在这一时期建立了一整套严格的请示报告制度。1948年1月7日,毛泽东起草《中央关于建立报告制度的指示》,对中央局及分局向中央定期报告作出了具体规定,要求"由书记负责(自己动手,不要秘书代劳),每两个月,向中央和中央主席作一次综合报告"。3月25日,中央又发出《关于建立报告制度的补充指示》,规定各中央局、分局、前委"对于下级发出的一切有关政策及策略性质的指示及答复……均须同时发给中央一份","下级向你们所作政策及策略性的报告,其内容重要者,亦须同时告知我们","每一个中央委员、中央候补委员均有单独向中央或中央主席随时反映情况及陈述意见的义务及权利"。6月25日,毛泽东为中央起草《各中央局、分局、前委应向中央报告的事项》,具体规定了包括税收、工资政策、财政预算、征兵计划、土改、文教、政府、统战、司法、军队等方面18个领域的事项"必须在事先或事后报告中央"。8月14日,毛泽东起草《中共中央、军委关于严格执行向中央作请示报告制度的指示》,明确指出军队中仍然存在的不请示不报告的问题,要求各兵团及各军区总结执行请示报告制度的情况,"严格执行及时的和完备的报告制度,将这件事作为一种绝对不允许违反的指令"。9月,中央政治局扩大会议(即"九月会议")召开,通过了《中共中央关于各中央局、分局、军区、军委分会及前委会向中央请示报告制度的决议》,对中央和地方在各类事项上的决定权属问题作出明确界定,要求各中央局、分局、军区、军委分会及前委会应具体规定所属的党组织向上级请示与报告的制度。此后,请示报告制度由上而下在全党全军普遍建立,从而有效结束了当时存在的无纪律无政府状态,达到了全党全军在方针政策和贯彻执行上的完全一致,为党夺取全国政权在政治上、思想上、组织上作了重要准备。

2.严明城市工作纪律

随着解放战争的节节胜利,党和军队不断从农村进入城市。怎样进城?如何接管城市?进城后能否站稳脚跟?这对共产党来说,是一次十分严峻的考验。为此,我们党制定了一系列城市工作纪律。1945年9月,中央专门作出《关于加强军队纪律坚决执行城市政策的指示》,规定军队应严明自己的政治纪律,认真执行"三大纪律八项注意",教育部队爱护人民利益,执行政策与建立自觉的模范纪律,并从七个方面规定了党的城市政策。此后,中央先后制定颁布了《关于收复石家庄的城市工作经验》《关于注意总结城市工作经验的指示》《中央批转东北局关于保护新收复城市的指示》等多部城市纪律文件。1949年5月，发布《中共中央关于入城部队遵守城市纪律的指示》，全面详尽地列出了十二条纪律规定，为人民解放军顺利接管城市，赢得广大群众和社会各界的支持和拥护创造了有利条件。

3."两个务必"和"六条规定"

1949年3月，党的七届二中全会在西柏坡召开。这是我们党在解放战争胜利前夕召开的一次具有重大历史意义的会议。毛泽东在报告中告诫全党，要警惕"骄傲情绪，以功臣自居的情绪，停顿起来不求前进的情绪，贪图享乐不愿再过艰苦生活的情绪"，防止资产阶级"用糖衣裹着的炮弹的袭击"，郑重提出"两个务必"的要求。全会还根据毛泽东的建议，提出了防止资产阶级腐蚀，反对突出个人的"六条规定"：不作寿，不送礼，少敬酒，少拍掌，不以人名作地名，不要把中国同志和马、恩、列、斯平列。"两个务必"和"六条规定"，对于党夺取全国解放战争胜利和建设新中国作了政治上、思想上和纪律上的准备，对执政后党的作风建设和纪律建设具有极大影响。

二、社会主义革命和建设时期党的纪律建设

1949年10月1日，中华人民共和国宣告成立。中国共产党成为执政党，在国家生活中所处的环境、地位和肩负的任务都随之发生历史性转变，我们党在国家建设和自身建设中都面临各种全新的考验。以毛泽东同志为主要代表的中国共产党人围绕执政后党的纪律建设作了深入思考和探索，提出了一系列重要思想和举措。

(一)新中国成立初期党的纪律建设

新中国成立初期，是在全国执政条件下党的纪律建设的开端时期，我们

党初步探索了党的纪律检查机关建设、整肃党风党纪、广泛开展执纪监督等一系列工作,构建了党的纪律检查框架的雏形。

1.建立党的各级纪律检查机关

1949年11月,中共中央发出《关于成立中央及各级党的纪律检查委员会的决定》(以下简称《决定》),指出:"为了更好地执行党的政治路线及各项具体政策,保守国家和党的机密,加强党的组织性与纪律性,密切地联系群众,克服官僚主义,保证党的一切决议的正确实施,特决定成立中央及各级党的纪律检查委员会。"《决定》规定,中央及各级纪律检查委员会的任务和职权是检查党的组织、党的干部及党员的违纪行为;受理、审查并决定纪律处分或取消处分;在党内加强纪律教育。《决定》规定,中央纪律检查委员会在中央政治局领导下工作,地方各级党的纪律检查委员会由各该级党委提出名单,经上两级党委批准后,在各该党委会指导下进行工作,要求中央及各级党的纪律检查委员会,必须设置一定的工作机关,建立经常性的工作,并规定自己的工作细则。到1950年底,全国绝大部分县以上党委都建立了纪律检查委员会,部分县委和地委以上的党委建立了经常性的办事机构并配备专职干部。1950年2月,中央发布《关于各级党的纪律检查委员会领导关系问题的指示》,规定各级党的纪律检查委员会是各级党委的一个工作部门,直接在各级党委的领导下进行工作;上级纪委在工作上、业务上对下级纪委有指导关系。此后,中央相继制定《中共中央纪律检查委员会工作细则》《中共中央关于加强纪律检查工作的指示》《关于处分党的组织及党员的批准权限和手续的规定》《关于处理控告、申诉案件的若干规定》《关于中央纪律检查委员会的组织机构和业务范围的规定》等一系列法规和文件,对各级纪律检查委员会的机构设置、职能任务和纪律执行程序、制度等作出了明确具体的规定,奠定了纪律检查工作的基本组织和制度框架。

2.开展"整风整党"运动以整顿党的纪律

新中国成立后，针对部分党员干部身上存在的思想作风不纯的问题，主要是骄傲自满、个人主义、官僚主义，甚至贪污腐化、违法乱纪等现象，1950年5月1日，中共中央发出《关于在全党全军开展整风运动的指示》，开始严格地整顿全党作风，首先整顿干部作风。整风的主要任务是提高干部和党员的思想水平和政治水平，克服工作中所犯的错误，克服以功臣自居的骄傲自满情绪，克服官僚主义和命令主义，改善党和人民的关系。整风运动至1950年底基本结束。此后，针对部分党组织思想不纯、成分不纯、作风不纯等问题，1951年2月，中央政治局扩大会议决定开展整党运动，计划用三年时间对党的组织有计划、有准备、有领导地进行一次普遍的整理。1951年3月，第一次全国组织工作会议通过了《关于整顿党的基层组织的决议》，对整顿工作作出具体部署，规定了党员标准的8项条件，提出了对符合8种情形的党内坏分子进行审查清除。至整党结束，全国共有23.8万名混入党内的异己分子和贪污腐化分子被清除出党，9万余人因不具备党员条件而被劝退或自动退党。通过整风整党，提高了党员素质，纯洁了党的组织，转变了干部作风，密切了党群关系，严明了纪律规矩，为党的建设积累了重要经验。

3.在"三反""五反"运动中严明党的纪律

针对新中国成立初期机关和干部中存在的官僚主义和贪污、浪费问题，1951年12月1日，中央作出《关于实行精兵简政、增产节约、反对贪污、反对浪费和反对官僚主义的决定》，指出"一切从事国家工作、党务工作和人民团体工作的党员，利用职权实行贪污和实行浪费，都是严重的犯罪行为"，开展反对贪污、反对浪费和反对官僚主义的坚决斗争，要求党的纪律检查委员会将这件事作为当前的中心工作。12月8日，中央发出《关于"三反"斗争必须大张旗鼓进行的指示》，全国规模的"三反"运动普遍开展起来。截至1952年10月"三反"运动结束，全国共查处县级以上党政机关贪污千元以上者10.8

万人。1952年1月26日,中央发出《关于首先在大中城市开展"五反"斗争的指示》,提出向违法的资产阶级开展大规模的"五反"斗争,以配合党政军民领域开展的"三反"斗争。1952年4月,中央人民政府颁布了《中华人民共和国惩治贪污条例》,这是新中国第一部反腐败条例。"三反"运动中最有影响的案件是刘青山、张子善贪污案,二者被开除党籍,判处死刑。

(二)党的八大前后对执政党纪律建设的探索

1956年,随着我国对生产资料私有制的社会主义改造基本完成,社会主义制度从此在中国正式确立起来。在这种形势下,以毛泽东同志为主要代表的中国共产党人围绕对中国社会主义建设道路的探索,在党的建设和国家发展等各方面提出了一系列新思想新举措,其中也包括对党的纪律建设的探索。

1.成立党的各级监察委员会

随着经济建设和社会主义改造的不断深入,社会上存在的复杂尖锐的斗争延伸到党内,特别是在处理高岗、饶漱石事件的过程中,我们党进一步认识到严明党的纪律和加强党内监督的重要性、必要性。同时,随着党员干部违法乱纪现象的不断滋生,原有的纪律检查委员会由于受组织和职权所限,已不能适应新形势的要求。1955年3月,党的全国代表会议通过《关于成立党的中央和地方监察委员会的决议》(以下简称《决议》),决定"成立党的中央的和地方各级的监察委员会,代替中央的和地方各级的党的纪律检查委员会,借以加强党的纪律,加强反对党员中各种违法乱纪的斗争"。会议选举产生了由15名委员、6名候补委员组成的中央监察委员会,董必武任书记。《决议》明确规定,"监察委员会的任务是经常检查和处理党员违反党章、党纪和国家法律、法令的案件,应受党纪处分者即由党的监察委员会负责处理,监察委员会有权检查下级党的组织有关违反党章、党纪和国家法律、法令的案件"。同纪律检查委员会相比，监察委员会的职责范围和权力扩大了，监督的力度明显加强。《决议》还明确了监察委员会的设置和领导关系，规定监察委员会由党的代表大会或代表会议选举，党的各级监察委员会在各级党委指导下进行工作，"党的上级监察委员会有权检查下级监察委员会的工作，并有权审查、批准和改变下级监察委员会对案件所作的决定，下级监察委员会应向上级监察委员会报告工作"。这是我们党对纪律检查领导体制的有益探索，赋予了监察委员会更大的独立监察权。此后，地方各级监察委员会和设立党委的工矿企业的监察委员会相继成立。随后，中央先后制定《中共中央监察委员会工作细则》《中央监察委员会关于处分党员的批准权限的具体规定》《关于迅速配备党的各级监察委员会专职干部的决定》等，对监察委员会的工作规则、运行程序、机构设置和队伍建设等作出了明确部署。

2. 党的八大对纪律建设的新发展

1956 年 9 月，党的八大召开。这是党在全国执政后召开的第一次党代会，是党在社会主义探索过程中召开的一次极为重要的会议，对党和国家各项事业都具有深远影响。党的八大通过的党章针对执政党的特点，对党的纪律建设作出一系列新规定。党章规定：党的监察委员会由同级党的委员会全体会议选举产生，任务是"经常检查和处理党员违反党的章程、党的纪律、共产主义道德和国家法律、法令的案件；决定和取消对于党员的处分；受理党员的控诉和申诉"。在领导体制方面，党章明确规定，"各级监察委员会在各级党的委员会领导下进行工作"，将之前受同级党委"指导"修改为"领导"。八大党章没有设"纪律"专章，而是将纪律处分的内容放在了第一章"党员"中，而且内容十分详细，多达六条。党章规定，对违纪党员的纪律处分分为五种，具体是警告、严重警告、撤销党内职务、留党察看、开除党籍，这一规定一直沿用至今。同时，党章还首次规定了"留党察看"的具体情况，首次规定了党员纪律处分必须经过支部大会决定,经过上级监察委员会或上级党委会批准等。

3.党的各级监察委员会得到加强

党的八大后,各级监察委员会紧紧围绕党的中心工作,在党的纪律建设中发挥了越来越大的作用。1962年9月,党的八届十中全会通过的《关于加强党的监察机关的决定》明确规定,"加强中央和地方各级的监察委员会,扩大各级监察委员会委员的名额","监察委员会的委员和候补委员,应当多数是专职的",要求"各级党的委员会,必须加强对同级监察委员会的领导,定期讨论党的监察工作"。同时,首次提出"党的各级监察委员会,应当加强对同级国家机关的党员的监督工作",明确规定"中央监察委员会可以派出监察组常驻国务院所属各部门",各省、区、市党的监察委员会必要时也可以向政府各部门派驻监察组或监察员,并具体规定了派驻监察组的任务。这是今天实行的派驻纪检组的雏形。此后,中央先后制定或修订《中央监察委员会工作细则》《党的监察工作人员守则》《中央监察委员会常驻各中央局、国务院所属各部门监察组试行工作条例》等法规,对监察委员会的职责任务、办事机构、案件审理程序、派驻监察组、工作方法和工作人员的纪律规范等作出具体规定,进一步推动了党的纪律建设和监督制度的发展。

(三)"文化大革命"期间党的纪律建设遭受严重破坏

1966年至1976年的"文化大革命",使党、国家和人民遭受了灾难性挫折和损失。"文化大革命"期间,大搞"踢开党委闹革命",党的各级组织普遍受到冲击,陷于瘫痪或半瘫痪状态,各级领导干部普遍受到批斗,广大党员丧失了正常的组织生活。党的纪律遭受了严重践踏和破坏,党的监察工作被全盘否定,大批监察干部受到迫害,各级监察委员会被撤销。九大、十大党章都取消了设立党的纪律检查(监察)机构的条款。这一时期,由于没有专门的纪律检查（监察）机构，革委会和各类"专案组"掌握着组织审查和处理工作，各种巧立名目的派别组织和群众组织也搞大量所谓"审查处理"，完全背离党的原则和方针，任意揪斗、关押、审讯党员干部，制造了大量冤假错案。党内纪律处分、组织审查和相关处理工作被派系斗争和反革命集团所利用，成为其排除异己、篡党夺权的工具。丧失了组织纪律性的群众运动，不但没有起到监督的作用，反而造成了极大的混乱甚至灾难性后果，摧残了遵纪守法的社会根基和民众对法纪制度的敬畏意识。总之，"文化大革命"时期党的纪律建设遭到了严重歪曲和全面破坏。

粉碎"四人帮"后，1977年8月党的十一大通过的党章在党的纪律建设方面作了一些修改。比如，在总纲及有关条款中增写了关于民主集中制的内容，要求"严格遵守党的纪律，维护党的集中统一，加强党的团结"，规定"党的中央委员会，地方县和县以上、军队团和团以上各级党的委员会，都设立纪律检查委员会"，并规定各级纪律检查委员会"在同级党委的领导下，加强对党员的纪律教育，负责检查党员和党员干部执行纪律的情况，同各种违反党的纪律的行为作斗争"。但是，由于受当时条件的限制，十一大党章没能清除"左"倾错误的影响，继续沿用了"文化大革命"的错误理论、政策和口号。这些错误在党的十一届三中全会后才得到彻底纠正。

三、改革开放和社会主义现代化建设新时期党的纪律建设

1978年12月，党的十一届三中全会全面恢复和确立了马克思主义的正确路线，决定以经济建设为中心，将全党工作中心转移到社会主义现代化建设上来，开启了改革开放和社会主义现代化建设的新时期。改革开放以后，我们党继承了纪律严明的优良传统，根据新的形势和任务的需要，不断丰富和发展党的纪律建设思想、制度和实践，开启了党的纪律建设的新时期。

(一)改革开放初期党的纪律建设的恢复和发展

党的十一届三中全会以来,以邓小平同志为主要代表的中国共产党人科学回答了在改革开放新的历史条件下关于党的纪律建设的一系列重大问题,初步构建了新时期党的纪律建设的基本框架,为不断推进和完善纪律建设奠定了基础。

邓小平极其重视党的纪律问题,提出了一系列重要思想,指出:"我们过去革命,就是靠纪律,而且是自觉的纪律。中国共产党成立后,最好的风气就是这个。"党的十一届三中全会总结历史经验教训,决定健全党的民主集中制,健全党规党法,严肃党纪,并决定重建党的纪律检查委员会。全会选举产生了由100人组成的中央纪律检查委员会,选举陈云为第一书记,邓颖超为第二书记,黄克诚为常务书记,王鹤寿等11人为副书记。全会明确指出:"全体党员和党的干部,人人遵守党的纪律,是恢复党和国家正常政治生活的起码要求。党的各级领导干部必须带头严守党纪。"全会规定:"纪律检查委员会的根本任务,就是维护党规党法,切实搞好党风。"1979年1月,十一届中央纪委一次全会通过了《中共中央纪律检查委员会关于工作任务、职权范围、机构设置的规定》,明确提出新时期党的纪律检查委员会的基本任务和纪律检查工作必须遵循的八项基本原则。中央纪委重建后,地方各级纪律检查机关陆续恢复重建。1979年,中央纪律检查委员会和中央组织部联合发出《关于设立纪律检查委员会有关问题的通知》《关于迅速建立健全各级纪律检查机构的意见》《关于地委一级改设纪律检查委员会的通知》,对省、地、县各级和中央各部门成立纪律检查委员会或纪律检查组提出了明确要求。截至1980年1月,全国各省、地、县党的纪律检查机构组建率达到98%;国务院机关各部门纪律检查机构组建率达75%。此后,党的纪律建设逐步走上正轨。

(二)严明党纪为拨乱反正提供重要保障

党的十一届三中全会后,平反冤假错案成为党的纪律建设首先面临的一项重要任务。中央和地方各级纪委大规模为各级领导干部和党员平反,为在"文化大革命"中受到错误批判的或遭受陷害的一些部门平反,对"文化大革命"中全国各地发生的事件、案件进行复查平反。同时,1979年初,党中央决定由中央纪委牵头,成立"两案审理领导小组",负责审理林彪、江青反革命集团篡党夺权的罪行。据统计,截至1982年底,各级纪律检查机关会同有关部门共复查处理了150多万人的案件,改正和部分改正的达98万多人。对各种冤假错案平反,大力落实干部政策,既维护了党的纪律,又保护了党员干部投身改革开放的积极性和创造性,对于医治"文化大革命"创伤,促进安定团结,恢复和发扬党的优良作风,切实保证贯彻执行党的十一届三中全会确定的基本路线起到了巨大作用。这一时期党的另一个重大举措是制定和实施《关于党内政治生活的若干准则》,重申和强化了坚持民主集中制、杜绝派性、不准搞特权等十二条内容,对党的历史上关于处理党内关系和严肃党性党风党纪等方面的经验教训作了总结,提出体现时代特征党的建设的任务和要求,是对党章必不可少的重要补充,是新时期提高党员干部思想政治水平、严肃党纪、端正党风的指导性文献,对加强党的建设具有重大意义。

(三)党的十三大提出"从严治党"方针

1987年10月,党的十三大报告首次正式提出"从严治党"概念,并将之作为新时期加强党的建设的基本方针。在党的纪律建设方面,党的十三大报告提出"执政的考验""改革开放的考验"是新时期党的建设必须解决的最重大的课题,"必须把反腐蚀寓于建设和改革之中","必须从严治党,严肃执行党的纪律","切实加强党的制度建设",推进纪律检查工作改革,依靠制度严明党的纪律。党的十三大后,中央纪委先后制定了多个关于检查、查处、审理党员违纪案件的条例和具体工作制度、规定,进一步提高了纪律检查工作的制度化、规范化程度。同时,聚焦党员领导干部犯严重官僚主义失职错误,党员在涉外活动中违反纪律、违反社会主义道德、经济领域违纪违法等问题制定了一系列党纪处分法规,在党的历史上第一次出现了专门针对某一方面违纪行为的纪律规范。这是我们党的纪律从过去长期以来偏重"原则调整"转变为"规范调整"的一个重要转折点,党的纪律建设变得更加有章可循。

(四)在社会主义市场经济条件下对党的纪律建设的初步探索和发展

党的十三届四中全会以来,以江泽民同志为主要代表的中国共产党人坚持推进中国特色社会主义建设,始终把严肃党风党纪和开展反腐败斗争放在重要位置,初步探索出一条在社会主义市场经济条件下严明党的纪律的新路子,为党的纪律建设积累了宝贵经验。

1.集中力量加强党风廉政建设,密切党群关系

1989年7月,中共中央、国务院作出《关于近期做几件群众关心的事的决定》,提出在惩治腐败和带头廉洁奉公、艰苦奋斗方面先做七件事,主要包括清理整顿公司,坚决制止领导干部子女经商,取消对领导同志少量食品"特供",严格按规定配车,严禁请客送礼,严格控制领导干部出国,严肃认真地查处犯罪案件。这些举措发挥了很大的震慑作用,取得了良好的社会效果。8月,中央政治局会议通过《中共中央关于加强党的建设的通知》,要求做好8个方面的工作,强调"发扬党的优良作风,克服消极、腐败现象"。1990年3月,党的十三届六中全会审议通过《中共中央关于加强党同人民群众联系的决定》,要求"坚定不移地加强廉政建设",强调"在改革开放、发展商品经济的条件下,共产党员更加需要自觉保持清正廉洁,坚决反对腐败行为",

"对各级领导机关和领导干部必须加强监督"。11月,中央批转中央纪委《关于加强党风和廉政建设的意见》,作出具体部署。这段时期,在党中央直接领导下,各级党委、政府把党风廉政建设摆上重要议事日程,初步形成了全党抓党风、各级政府抓廉政、全民关注党风廉政建设的大气候。

2.以反腐败为重点推进党的纪律建设

1992年初,邓小平在南方谈话中反复强调:"在整个改革开放过程中都要反对腐败。"1992年10月,党的十四大首次将"从严治党"写入党章。从严治党成为管党治党、严明党纪的总方针和总遵循。党章还首次明确强调反腐败的任务,增写"党坚持不懈地反对腐败,加强党的作风和廉政建设"等内容。党的十四大后,我们党逐渐探索出一条在发展社会主义市场经济条件下,围绕经济建设这个中心,坚持"两手抓、两手都要硬"的方针,把反腐败同改革、发展、稳定有机结合起来,有效开展反腐败斗争的路子。1997年9月,党的十五大报告强调,"反对腐败是关系党和国家生死存亡的严重政治斗争",提出"坚持标本兼治,教育是基础,法制是保证,监督是关键"的反腐败斗争方略,突出纪律建设的重要地位。党的十五大后,反腐败工作从侧重治标转向标本兼治、逐步加大治本力度,从源头上预防和治理腐败。比如,集中开展军队、武警部队和政法机关不再从事经商活动的工作;推进行政审批、财政管理和干部人事三项制度改革;扩大基层民主,实行村务公开、厂务公开和政务公开;等等。

3.注重党内纪律法规和制度建设

党的十四大后,党中央尤其注重通过党内纪律法规和制度建设整体推进正风肃纪工作,制定一批加强纪律建设的法规和制度,在党风廉政建设和反腐败中发挥了极其重要的作用。主要党内法规和文件有《中国共产党党员领导干部廉洁从政若干准则(试行)》《中国共产党纪律处分条例(试行)》《关于党政机关县(处)级以上领导干部收入申报的规定》《关于领导干部报告个人重大事项的规定》《中共中央、国务院关于党政机关厉行节约制止奢侈浪费行为的若干规定》《关于实行党风廉政建设责任制的规定》《省(部)、地(厅)级领导干部配偶、子女从业规定》《县级以下党政领导干部任期经济责任审计暂行规定》等,还制定了与一批党内法规相配套的规定或实施细则。各地区各部门结合实际,实行领导干部党风廉政建设责任制度、领导干部离任审计制度、重大问题集体决策制度等。1992年至1997年,各省、自治区、直辖市和中央、国家机关各部委制定了1400多项领导干部党风廉政规章制度。1997年至2002年,全国省(部)级以上机关共制定党风廉政方面的法律法规及其他规范性文件2000余件。这些法规制度的制定和实施,对于规范党政机关和党员领导干部的行为,增强领导干部的纪律观念和法律意识,发挥了重要作用,为党风廉政建设和反腐败工作提供了制度依据。

4.加强纪检监督机构建设,严肃查处违纪违法案件

党的十四大后,党的纪律检查机构根据党风廉政建设和反腐败斗争形势进行了一系列改革,着力打造坚强有力的纪检监察机构。一是强化各级纪委组织力量和权力。与党的十三大相比,党的十四届中央纪委委员增加了39人,党的纪检人员队伍得到壮大,纪检机构的地位也越来越重要。中央纪委向党的十四大所作的工作报告中指出,"地方各级纪委书记应由同级党委副书记一级干部担任,并参加同级党委常委","上级纪委应加强对下级纪委的领导和指导,并对其工作进行有效的监督和检查",对于推动纪律检查领导体制改革具有重要意义。二是实现纪检监察机关合署办公。1993年1月,中央纪律检查委员会和国家监察部实行合署办公。这是我国政治监督体制改革的一项重大举措。合署后的中央纪委和监察部履行党的纪律检查和政府行政监察两项职能,克服了党政监督体制分离所带来的种种重复、交叉、推诿甚至冲突的问题,提高了党政监督的整体合力。三是加强中央直属机关和中央国家机关纪检监察机构建设。1993年5月,中央纪委发布的《关

于中央直属机关和中央国家机关纪检监察机构设置的意见》指出，中央纪委和监察部现向52个中央部门派驻了纪检、监察机构66个，其中中央纪委、监察部双派驻的部门有14个，中央纪委单派驻的部门有6个，监察部单派驻的部门有32个。42个部门内设纪检、监察机构65个。同时，该意见对派驻和内设纪检监察机构的设置、领导体制和工作关系、职务设置和干部管理、人员编制等作出详细规定。这一举措极大地加强了中央机关党的纪检监察工作，是党的纪律建设的一项重大进展。

同时，中央纪委和各级纪委坚持把查处党员干部违纪违法案件，作为从严治党和惩治腐败的重要环节来抓，着重查处了贪污、贿赂、挪用公款、走私、失职渎职、贪赃枉法、腐化堕落等方面的案件，加大了对发案率较高的金融、证券、房地产、土地批租出租、建筑工程等领域案件的查处力度。

(五)21世纪新阶段党的纪律建设的新发展

进入21世纪特别是党的十六大以来，面对深刻复杂的国际形势和艰巨繁重的国内改革发展稳定任务，以胡锦涛同志为主要代表的中国共产党人针对党的建设面临的新形势，坚持维护党的纪律，继续深入推进党风廉政建设和反腐败斗争，推动纪律建设取得新发展。

1. 以建立健全惩治和预防腐败体系为重点推进纪律建设

2002年11月，党的十六大通过的党章在党的纪律检查机关的主要任务中增加了"协助党的委员会加强党风建设和组织协调反腐败工作"的内容，在党章中首次明确规定党委对反腐败工作的主体责任和纪委的组织协调任务。党的十六大后，党中央提出"标本兼治、综合治理、惩防并举、注重预防"的反腐倡廉方针，作出建立健全教育、制度、监督并重的惩治和预防腐败体系的战略决策，重点探索从源头上防治腐败。2005年1月，中共中央发布《建立健全教育、制度、监督并重的惩治和预防腐败体系实施纲要》，制定118

项制度,标志着反腐败进入"体系反腐"阶段。这一时期,各级纪检监察机关把反腐败寓于各项重要改革措施中。2007年10月,党的十七大报告首次将"反腐倡廉建设"作为党的建设的基本任务之一,提出以完善惩治和预防腐败体系为重点加强反腐倡廉建设。十七大党章增加了"坚持标本兼治、综合治理、惩防并举、注重预防""建立健全惩治和预防腐败体系"等新内容,以党内根本大法的形式将反腐倡廉的方针和体系固定下来。2008年5月,中共中央印发了《建立健全惩治和预防腐败体系2008—2012年工作规划》,从教育、制度、监督、改革、纠风、惩处等方面提出了惩治和预防腐败的工作目标和重点任务。

2.以加强党内监督为重点推进党内法规制度建设

十六大党章指出:"加强对党的领导机关和党员领导干部的监督,不断完善党内监督制度。"2003年12月,中共中央颁布的《中国共产党党内监督条例(试行)》是我们党第一部专门规范党内监督工作的基本法规,对于坚持党要管党、从严治党方针,加强党内监督,监督执行党的纪律,具有重要意义。《条例》规定了规范党内监督工作的10项制度,包括集体领导和分工负责、重要情况通报和报告、述职述廉、民主生活会、信访处理、巡视、谈话和诫勉、舆论监督、询问和质询、罢免或撤换要求及处理。此后,与《条例》配套的监督政策规定和制度相继出台,如《中国共产党纪律处分条例》《中国共产党党员权利保障条例》《关于进一步加强和改进舆论监督工作的意见》《关于对党员领导干部进行诫勉谈话和函询的暂行办法》《关于党员领导干部述职述廉的暂行规定》《关于党员领导干部报告个人有关事项的规定》《地方党委员、纪委委员开展党内询问和质询办法(试行)》等。各级纪检监察机关认真落实述职述廉、谈话、诫勉、函询等制度。据统计,2007年11月至2012年4月,全国共进行领导干部述职述廉917.6万多人次,诫勉谈话24.5万多人次,函询15.2万人次,任前廉政谈话200.3万人次,纪委负责人同下级党政主要负责人谈话127.8万多人次。党的十七大以后，中央加大对领导干部问责的力度，制定或修订《关于实行党风廉政建设责任制的规定》《关于实行党政领导干部问责的暂行规定》《党政主要领导干部和国有企业领导人员经济责任审计规定》等党内法规。一系列党内监督和问责法规制度的制定、完善和贯彻实施，为各项纪律的有效执行提供了重要保障。

3. 以巡视和派驻机构为重点加强纪检监察机构建设

党的十六大后，中央坚持改革和完善党的纪律检查体制，推动党内监督执纪机构建设进一步加强。一是明确纪律检查机关的职能定位。十六届中央纪委二次全会首次明确提出：各级纪律检查机关是党的监督机关。《中国共产党党内监督条例（试行）》以党内法规的形式明确党的各级纪律检查委员会是党内监督的专门机关，确立了党的纪律检查机关的监督职能。二是建立专门巡视机构，加强巡视监督。2003年8月，中央纪委、中组部巡视工作办公室正式成立，并设立5个巡视组，建立专门的巡视机构和专职巡视队伍。2004年2月，中央纪委、中组部颁布《关于巡视工作的暂行规定》，对巡视工作的机构和人员、职责和方式等作出具体规定。2009年7月，中共中央印发《中国共产党巡视工作条例（试行）》，共六章四十九条内容，为完善巡视制度、规范巡视工作提供了法规依据和制度规范。11月，中央决定成立中央巡视工作领导小组，将中央纪委、中组部巡视组更名为中央巡视组，进一步提升了巡视机构的地位，加强了对巡视工作的组织领导。三是加强对派驻机构的统一管理。《中国共产党党内监督条例（试行）》明确规定："纪委对派驻纪检组实行统一管理。"2004年4月，《中央纪委、中央组织部、中央编办、监察部关于对中央纪委监察部派驻机构实行统一管理的实施意见》规定"将派驻机构由中央纪委监察部和驻在部门双重领导改为由中央纪委监察部直接领导，切实加强对驻在部门党组和行政领导班子及其成员的监督。中央纪委监察部首先对派驻机构的业务工作和干部工作实行统一管理"。至

2005年底,中央纪委、监察部对派驻中央国家机关56个部门的纪检组和监察局全面实行统一管理。四是加强基层纪检监察机构建设。党的十七大以后,中央纪委相继制定《关于加强地方县级纪检监察机关建设的若干意见》《关于加强和改进中央企业和中央金融机构纪检监察组织建设的若干意见》《关于加强乡镇纪检组织建设的指导意见》等,进一步完善了党的纪律检查组织体系。

4.加强纪律教育和领导干部廉洁自律工作

党的十六大以后,党中央高度重视反腐倡廉建设的宣传教育特别是纪律教育,将其作为惩治和预防腐败体系的重要组成部分。2005年印发的《建立健全教育、制度、监督并重的惩治和预防腐败体系实施纲要》,第一次正式提出"大力加强廉政文化建设,积极推动廉政文化进社区、家庭、学校、企业和农村",为严肃党的纪律夯实思想文化基础。结合开展保持共产党员先进性教育活动、学习实践科学发展观活动、创先争优活动等,加强对党员干部的党性党风党纪教育,广泛开展学习先进典型和警示教育活动,深入开展廉政文化创建活动,增强了全党全社会的反腐倡廉意识和纪律意识。这一时期中共中央制定和修订了一批关于廉洁纪律的党内法规文件,比如,《中国共产党党员领导干部廉洁从政若干准则》《国有企业领导人员廉洁从业若干规定》《关于加强农村基层党风廉政建设的意见》《中共中央纪委关于严格禁止利用职务上的便利谋取不正当利益的若干规定》,等等,对于完善党员领导干部在市场经济条件下廉洁从政的纪律规范,加强领导干部廉洁自律具有重要作用。特别是《中国共产党党员领导干部廉洁从政若干准则》,详细规定了领导干部从政行为8大方面的"禁止",详细列出了52个"不准",充实完善了相应的实施与监督制度,是一部规范党员领导干部廉洁从政行为的基础性党内法规。

5.严肃查处和惩办违纪案件

党的十六大以后,各级党委和纪检监察机关坚持从严治党,保持查处违纪案件的强劲态势,纪律建设取得新的成效。一是颁布实施《中国共产党纪律处分条例》。2003年12月,中共中央正式颁布实施《中国共产党纪律处分条例》,共178条,对10类违纪行为的处分作出了明确规定。《条例》作为党的建设的重要法规,对于严明党的纪律、规范纪律处分、加强党的纪律建设具有极其重要的意义。二是改革和规范对违纪案件的查处工作。坚持依纪依法、安全文明办案,改进办案措施,规范办案程序,加强案件审理、申诉复查和案件监督管理工作,健全查办案件的组织协调机制。畅通信访举报渠道,开通举报电话和网站。三是严肃查处违反党纪的案件。2002年12月至2007年6月,全国纪律检查机关共立案677924件,结案679846件,给予党纪处分518484人。2007年11月至2012年6月,全国纪检监察机关共立案643759件,结案639068件,给予党纪政纪处分668429人。

四、中国特色社会主义新时代党的纪律建设

党的十八大以来,以习近平同志为核心的党中央全面加强党的领导和党的建设,将纪律建设纳入党的建设总体布局,作为全面从严治党的治本之策,将其摆在更加重要和突出的位置,为党和国家事业发展提供了坚强的纪律保障。我们党对纪律建设的规律性认识不断深化,围绕加强纪律建设提出了一系列新思想、新制度、新举措,党的纪律建设进入全面发展的新阶段,驶入"快车道"。

(一)集中制定修订党内纪律法规

党的十八大以来,以习近平同志为核心的党中央坚持制度治党、依规治党,立体式、全方位推进党内法规制度体系建设,党内法规建设的力度空前

加大。通过制定新法规、完善和修订已有法规、废止不适应的法规,基本形成了以党章为根本,以准则、条例等中央党内法规为主干,若干配套党内法规和规范性文件为支撑的党内法规体系,搭建起党内法规体系的"四梁八柱"。党的十八大以来的10年,党内法规制定工作推进力度之大、质量之高前所未有,仅中央党内法规就制定和修订了193部,占271部现行中央党内法规的71%。从党的纪律建设的角度来看,党内法规和纪律规范的制定修订集中体现在以下三个方面。

1. 规范党内法规的制定和集中清理

加强对党内法规建设的统筹协调。中共中央先后制定修订《中国共产党党内法规制定条例》和《中国共产党党内法规和规范性文件备案规定》,标志着我们党首次拥有正式的党内"立法法",为党内法规制度体系建设提供了基本依据和规范。2013年和2018年,中共中央先后印发《中央党内法规制定工作五年规划纲要(2013—2017年)》《中央党内法规制定工作第二个五年规划(2018—2022年)》,这是党的历史上首次制定党内法规五年规划,对党内法规建设进行顶层设计。2016年12月,中共中央印发《关于加强党内法规制度建设的意见》,对加强新时代党内法规制度建设提出明确要求、作出系统部署。党的十八大以来,中央还集中清理了新中国成立以来的党内法规和规范性文件。到2014年底,经过两个阶段的党内法规清理工作,系统全面清理了新中国成立至2012年6月期间中央出台的全部文件,共清理党内法规和规范性文件1178件,其中322件在清理中被废止,369件被宣布失效,二者合计占58.7%。

2. 制定修订一批与党的纪律内容相关的党内法规

党的十八大以来,围绕严肃党的各项纪律,中央制定修订一系列党内法规和规范性文件,丰富了党的纪律的内容体系,纪律建设更加"有纪可依"。在政治纪律方面,制定或修订《关于新形势下党内政治生活的若干准则》《中国共产党重大事项请示报告条例》《中共中央政治局关于加强和维护党中央集中统一领导的若干规定》《领导干部报告个人有关事项规定》《中共中央关于加强党的政治建设的意见》《党委(党组)书记抓基层党建工作述职评议考核办法(试行)》等。

在组织纪律方面,制定或修订《党政领导干部选拔任用工作条例》《党政领导干部考核工作条例》《干部人事档案工作条例》《中国共产党党员权利保障条例》《中国共产党党务公开条例(试行)》《推进领导干部能上能下若干规定(试行)》《县以上党和国家机关党员领导干部民主生活会若干规定》《关于加强国家工作人员因私事出国(境)管理的暂行规定》《中国共产党发展党员工作细则》《关于防止干部"带病提拔"的意见》等。

在廉洁纪律方面,制定或修订《中国共产党廉洁自律准则》《党政机关厉行节约反对浪费条例》《党政机关国内公务接待管理规定》《党政主要领导干部和国有企事业单位主要领导人员经济责任审计规定》《党政机关办公用房管理办法》《党政机关公务用车管理办法》《中央和国家机关差旅费管理办法》《中央和国家机关会议费管理办法》《关于进一步规范党政领导干部在企业兼职(任职)问题的意见》《关于落实中央八项规定精神坚决刹住中秋国庆期间公款送礼等不正之风的通知》《关于严禁党政机关到风景名胜区开会的通知》等。

在群众纪律方面,制定或修订《十八届中央政治局关于改进工作作风、密切联系群众的八项规定》《信访工作责任制实施办法》《中共中央 国务院关于打赢脱贫攻坚战的决定》《关于深化"四风"整治、巩固和拓展党的群众路线教育实践活动成果的指导意见》《关于创新群众工作方法解决信访突出问题的意见》《关于开展扫黑除恶专项斗争的通知》等。

在工作纪律方面,制定或修订《中国共产党地方委员会工作条例》《中国共产党党组工作条例》《中国共产党工作机关条例(试行)》《中国共产党支部工作条例（试行）》《中国共产党宣传工作条例》《中国共产党政法工作条例》《中国共产党统一战线工作条例》《干部教育培训工作条例》《中国共产党农村工作条例》《中国共产党国有企业基层组织工作条例（试行）》《中国共产党和国家机关基层组织工作条例》《领导干部干预司法活动、插手具体案件处理的记录、通报和责任追究规定》《关于贯彻落实习近平总书记重要指示精神　集中整治形式主义、官僚主义的工作意见》《关于加强新形势下党的督促检查工作的意见》《关于解决形式主义突出问题为基层减负的通知》《关于统筹规范督查检查考核工作的通知》等。

在生活纪律方面，制定了《关于进一步整治"会所中的歪风"的通知》等。

3.制定修订一批与党的纪律执行相关的党内法规

党的十八大以来，中央高度重视党内法规和纪律的执行，围绕加强党内监督执纪问责，制定修订一系列侧重于纪律执行的党内法规和规范性文件，极大地增强了纪律执行的科学性、规范性、系统性和严肃性。其主要包括《中国共产党纪律处分条例》《中国共产党党内监督条例》《中国共产党问责条例》《中国共产党巡视工作条例》《中国共产党纪律检查机关监督执纪工作规则》《纪检监察机关处理检举控告工作规则》《中国共产党党内法规执行责任制规定（试行）》《党组讨论和决定党员处分事项工作程序规定（试行）》《干部选拔任用工作监督检查和责任追究办法》《党政领导干部考核工作条例》《党政领导干部生态环境损害责任追究办法（试行）》等。

（二）挺纪在前，严格执行党的纪律

党的十八大以来，以习近平同志为核心的党中央坚决把纪律挺在前面，坚持纪严于法、纪在法前，坚持抓早抓小、红脸出汗，从严执行党的纪律，使各项纪律规矩真正成为"带电的高压线"，用严明的纪律管全党、治全党。

1. 以政治纪律为重点严明党的各项纪律

党的十八大以来，习近平总书记突出强调政治纪律，要求把严明政治纪律和政治规矩放在首位。2014年10月，党的十八届四中全会第二次全体会议提出坚决反对"七个有之"现象；2015年10月修订的《中国共产党纪律处分条例》首次将党的纪律整合为政治纪律、组织纪律、廉洁纪律、群众纪律、工作纪律、生活纪律；党的十九大正式将"六大纪律"写入党章。坚持把遵守和执行政治纪律情况作为巡视和派驻监督的重点，执纪审查首先检查违反政治纪律的问题。党的十八大以来截至2022年10月，全国纪检监察机关共立案464.8万余件，立案审查调查中管干部553人，处分厅局级干部2.5万多人、县处级干部18.2万多人，共给予党纪政务处分399.8万人。2023年新《条例》修订坚决落实党的二十大关于坚持和加强党的全面领导和党中央集中统一领导的各项部署要求，进一步严明政治纪律和政治规矩。如：新《条例》在总则第二条指导思想中增写"坚持自我革命""推动解决大党独有难题、健全全面从严治党体系""为以中国式现代化全面推进强国建设、民族复兴伟业提供坚强纪律保障"等内容；在总则第四条工作原则中增写"把严的基调、严的措施、严的氛围长期坚持下去"。在政治纪律部分，完善保障党中央政令畅通的纪律条款，增加对不顾党和国家大局、搞部门或者地方保护主义行为的处分规定，将贯彻党中央决策部署只表态不落实行为由违反工作纪律调整到违反政治纪律。

同时，严明政治纪律，带动组织纪律、廉洁纪律、群众纪律、工作纪律、生活纪律全面从严。例如，组织纪律方面，充实对因私出国（境）期间无正当理由超期未归等行为的处分规定，引导党员干部摒弃个人主义、自由主义，增强组织观念；廉洁纪律方面，加强对党员干部全方位管理和经常性监督，对离岗后和在职时一并提出严要求，完善对党员干部离职或退（离）休后违规从业行为，以及利用原职权或者职务上的影响为亲友谋利行为的处分规定。

2.提出和践行监督执纪"四种形态"

党的十八大以来,党中央总结历史经验和全面从严治党实践,坚持抓早抓小、防微杜渐,提出并运用监督执纪"四种形态",实现了纪律建设的重大实践和理论创新。2015年9月,时任中央政治局常委、中央纪委书记王岐山在福建调研时首次提出监督执纪"四种形态"这一概念。2016年1月,十八届中央纪委六次全会首次对运用监督执纪"四种形态"作出具体部署。2016年10月,党的十八届六中全会通过《中国共产党党内监督条例》,正式明确了"四种形态"的含义,即"经常开展批评和自我批评、约谈函询,让'红红脸、出出汗'成为常态;党纪轻处分、组织调整成为违纪处理的大多数;党纪重处分、重大职务调整的成为少数;严重违纪涉嫌违法立案审查的成为极少数"。2017年10月,党的十九大正式将监督执纪"四种形态"写入党章,规定"运用监督执纪'四种形态',让'红红脸、出出汗'成为常态,党纪处分、组织调整成为管党治党的重要手段,严重违纪、严重触犯刑律的党员必须开除党籍"。截至2022年6月,全国纪检监察机关实践"四种形态",共处理204.8万人次。其中,运用第一种形态95.5万人次,占46.7%;第二种形态81.8万人次,占39.9%;第三种形态15.6万人次,占7.6%;第四种形态11.9万人次,占5.8%。2024年1月1日施行的党纪处分条例第五条规定,深化运用监督执纪"四种形态",经常开展批评和自我批评,及时进行谈话提醒、批评教育、责令检查、诫勉,让"红红脸、出出汗"成为常态;党纪轻处分、组织调整成为违纪处理的大多数;党纪重处分、重大职务调整的成为少数;严重违纪涉嫌犯罪被追究刑事责任的成为极少数。这与党内监督条例的相关规定一致。

3.以严明的纪律推进正风反腐

十八届中央政治局把落实中央八项规定精神作为改进工作作风的突破口,习近平总书记以身作则、率先垂范,各级党组织把严格落实中央八项规定精神作为重要纪律要求,力戒形式主义、官僚主义、享乐主义和奢靡之风。

各级纪检监察机关把监督执行中央八项规定精神作为监督执纪的一项经常性工作，将违反中央八项规定精神的行为列入纪律重点审查范围，作为纪律处分的重要内容。党的十八大以来，以习近平同志为核心的党中央把党的纪律作为反腐倡廉的治本利器，挺在法律前面、将之挺在反腐败斗争的前沿，坚持反腐败无禁区、全覆盖、零容忍，坚定不移"打虎""拍蝇""猎狐"，用铁的纪律筑牢拒腐防线，严惩党内腐败分子和腐败行为，反腐败斗争压倒性态势已经形成并巩固发展。新时代十年，根据党中央部署，全国纪检监察机关坚持无禁区、全覆盖、零容忍，坚持重遏制、强高压、长震慑，坚持受贿行贿一起查，坚持有案必查、有腐必惩。据统计，十年来，全国纪检监察机关共立案464.8万余件，其中立案审查调查中管干部553人，处分厅局级干部2.5万多人、县处级干部18.2万多人。

4. 深化党的纪律检查体制改革

党的十八大报告明确提出：要健全纪检监察体制。2013年11月，党的十八届三中全会通过《中共中央关于全面深化改革若干重大问题的决定》，对深化党的纪律检查体制改革作出规定和部署，要求"改革党的纪律检查体制，健全反腐败领导体制和工作机制"。2014年6月，中央政治局审议通过《党的纪律检查体制改革实施方案》，从多个方面对纪律检查体制改革作出具体安排。2018年2月，党的十九届三中全会审议通过《中共中央关于深化党和国家机构改革的决定》和《深化党和国家机构改革方案》，该《决定》和《方案》对完善坚持党的全面领导制度、推进党的纪律检查体制和国家监察体制改革作出战略部署，为在新时代推动纪检监察体制改革向纵深发展指明了方向。

(1) 落实"两个责任"，压实全面从严治党责任制

《中共中央关于全面深化改革若干重大问题的决定》指出："落实党风廉政建设责任制，党委负主体责任，纪委负监督责任。"这是党的历史上首次以

党内法规形式明确规定党委的主体责任和纪委的监督责任。2016年7月，《中国共产党问责条例》首次将主体责任和监督责任的范围由"党风廉政建设"发展为"全面从严治党"。十九大党章在总纲中增加了"强化管党治党主体责任和监督责任"的内容。"两个责任"，从党风廉政建设扩展到全面从严治党，再发展为管党治党，内涵更加丰富和全面，责任范围更宽、标准更高、要求更严。党的十八大以来，党中央紧抓"主体责任"这个"牛鼻子"，坚持失责必问、有责必追、问责必严，推动各级党组织和领导干部履行管党治党责任。仅2014年至2017年4年时间，全国共有7020个单位党委(党组)、党总支、党支部，430个纪委(纪检组)和6.5万余名党员领导干部被问责。

(2)明确"两个为主"，推动双重领导体制改革

《中共中央关于全面深化改革若干重大问题的决定》提出："推动党的纪律检查工作双重领导体制具体化、程序化、制度化，强化上级纪委对下级纪委的领导。查办腐败案件以上级纪委领导为主，线索处置和案件查办在向同级党委报告的同时必须向上级纪委报告。各级纪委书记、副书记的提名和考察以上级纪委会同组织部门为主。"2014年，中央纪委制定实施下级纪委向上级纪委报告工作的具体制度，并在试点的基础上制定出台《关于查办腐败案件体制机制改革的实施意见》，在全国推开"查办腐败案件以上级纪委领导为主"的制度改革。2015年1月，中共中央审议通过了《省(自治区、直辖市)纪委书记、副书记提名考察办法(试行)》《中央纪委派驻纪检组组长、副组长提名考察办法(试行)》《中管企业纪委书记、副书记提名考察办法(试行)》，明确规定纪委书记(纪检组组长)、副书记(副组长)的提名、考察以上级纪委会同组织部门为主。2016年制定的《中国共产党党内监督条例》明确规定："强化上级纪委对下级纪委的领导，纪委发现同级党委主要领导干部的问题，可以直接向上级纪委报告；下级纪委至少每半年向上级纪委报告1次工作，每年向上级纪委进行述职。"二十大党章进一步规定：党的中央纪

律检查委员会在党的中央委员会领导下进行工作。党的地方各级纪律检查委员会和基层纪律检查委员会在同级党的委员会和上级纪律检查委员会双重领导下进行工作。上级党的纪律检查委员会加强对下级纪律检查委员会的领导。从而将党的十八大以来双重领导体制改革的成果以党内根本大法的形式确定下来。

（3）聚焦主业主责，纪律检查机关深化"三转"

党的十八大以来，习近平总书记多次强调，纪律检查机关的根本职责是监督执纪问责。2014年1月，十八届中央纪委三次全会提出，纪检监察机关要聚焦中心任务，转职能、转方式、转作风，明确职责定位，把不该管的工作交还主责部门，做到不越位、不缺位、不错位。各级纪委贯彻党中央决策部署，找准职责定位，深入推进"三转"。通过深化"三转"，各级纪律检查机关进一步聚焦监督执纪问责，为加强党的纪律建设提供了坚强的组织保障。党章第四十六条规定：党的各级纪律检查委员会是党内监督专责机关，主要任务是维护党的章程和其他党内法规，检查党的路线、方针、政策和决议的执行情况，协助党的委员会推进全面从严治党、加强党风建设和组织协调反腐败工作，推动完善党和国家监督体系。从而进一步明确了党的纪律检查机关作为党内监督专责机关的主业和主责。

（三）实现巡视和派驻监督全覆盖

1. 发挥巡视"利剑"作用，实现一届任期内巡视全覆盖

党的十八大报告强调，要更好地发挥巡视制度的监督作用。党的十八大以来，以习近平同志为核心的党中央把巡视作为全面从严治党的"尖兵""利器"，高度重视巡视工作。《中共中央关于全面深化改革若干重大问题的决定》明确要求："改进中央和省区市巡视制度，做到对地方、部门、企事业单位全覆盖。"五年间，党中央两次修订《中国共产党巡视工作条例》，制定《中

央巡视工作规划(2018—2022年)》《关于市县党委建立巡察制度的意见》《被巡视党组织配合中央巡视工作规定》等党内法规文件,为巡视工作提供了根本依据。中央巡视工作领导小组召开115次会议,组织开展12轮巡视,共巡视277个党组织,完成对省区市、中央和国家机关、中管企事业单位和金融机构、中管高校等的巡视,在党的历史上首次实现一届任期内巡视全覆盖。在中央纪委审查的案件中,超过60%的线索来自巡视。各省区市党委完成了巡视全覆盖,全部开展市县巡察,67家中央单位探索开展巡视工作,对中央企业实现全面巡视,形成了巡视巡察上下联动、全国一盘棋的格局。2017年10月,党的十九大报告明确提出"在市县党委建立巡察制度",并首次将"巡察制度"正式写入党章。截至2018年7月,全国340个市(地、州、盟)、2860个县(市、区、旗)均建立巡察制度,共对20.5万个党组织开展巡察,发现各类问题61.4万个,涉及党员干部违规违纪问题线索24.4万件,推动处分4.7万人,巡视巡察在全面从严治党中的战略地位和利剑作用充分显现。

2.发挥派驻的"探头"作用,推动派驻监督全覆盖

党的十八大之前,近三分之二的中央和国家机关没有纳入派驻监督范围。《中共中央关于全面深化改革若干重大问题的决定》明确要求:"全面落实中央纪委向中央一级党和国家机关派驻纪检机构,实行统一名称、统一管理。"2014年底,中共中央审议通过《关于加强中央纪委派驻机构建设的意见》,从六个方面提出了加强中央纪委派驻机构建设的思路和要求。2015年3月,中央纪委首次向中央办公厅、中央组织部、中央宣传部、中央统战部、全国人大机关、国务院办公厅、全国政协机关等7家单位派驻纪检组,负责对50多家中央和国家机关进行派驻监督,迈出实现派驻全覆盖的重要一步。2015年11月,中共中央印发《关于全面落实中央纪委向中央一级党和国家机关派驻纪检机构的方案》,决定中央纪委设置47家派驻纪检机构,实现对139家中央一级党和国家机关派驻纪检机构全覆盖。各省(区市)实现省级

纪委全面派驻，稳步推进市地一级纪委派驻全覆盖。2017年10月，党的十九大将党的十八大以来派驻监督改革的成果写入党章。对于十八大党章中规定的中央纪委"根据工作需要""可以"向中央一级党和国家机关派驻党的纪律检查组或纪律检查员，纪律检查组组长或纪律检查员"可以列席"该机关党的领导组织的有关会议等内容，二十大党章作出了重大修改，明确规定，"党的中央和地方纪律检查委员会向同级党和国家机关全面派驻党的纪律检查组，按照规定向有关国有企业、事业单位派驻党的纪律检查组。纪律检查组组长参加驻在单位党的领导组织的有关会议。他们的工作必须得到该单位党的领导组织的支持"。

（四）推进国家监察体制改革

党的十八大以来，以习近平同志为核心的党中央在不断深化党的纪律检查体制改革、加强党内监督的同时，还创造性地推进了国家监察体制改革，强化对国家机器的监督。深化国家监察体制改革是以习近平同志为核心的党中央作出的重大决策部署，是事关全局的重大政治体制改革。改革的目的和任务，就是加强党对反腐败工作的统一领导，构建集中统一、权威高效的国家监察体系，实现党内监督和国家机关监督、党的纪律检查和国家监察有机统一，实现对所有行使公权力的公职人员监察全覆盖。

1. 试点并推开国家监察体制改革

2016年1月，习近平总书记在十八届中央纪委六次全会上强调："扩大监察范围，整合监察力量，健全国家监察组织架构，形成全面覆盖国家机关及其公务员的国家监察体系。"此后，习近平总书记多次主持召开会议研究审议国家监察体制改革和试点方案，对改革作出顶层设计，明确试点工作的时间表和路线图。11月，党中央成立深化国家监察体制改革试点工作领导小组，印发《关于在北京市、山西省、浙江省开展国家监察体制改革试点方案》,部署在3个省市设立各级监察委员会,从体制机制、制度建设上先行先试、探索实践,为在全国推开积累经验。2017年10月,党的十九大报告提出:"深化国家监察体制改革,将试点工作在全国推开,组建国家、省、市、县监察委员会。"10月23日,中共中央印发《关于在全国各地推开国家监察体制改革试点方案》。11月4日,十二届全国人大常委会第三十次会议表决通过《关于在全国各地推开国家监察体制改革试点工作的决定》。截至2018年2月底,省、市、县三级监察委员会全部完成组建。

2.制定国家监察法,组建国家监察委员会

2017年1月,习近平总书记在十八届中央纪委七次全会上强调:"把行政监察法修改为国家监察法,使党的主张通过法定程序成为国家意志。"中央纪委牵头负责监察法立法工作,同全国人大常委会密切配合,研究制定《中华人民共和国监察法(草案)》。党的十九大报告明确提出"制定国家监察法"的任务。2018年1月,党的十九届二中全会通过《中共中央关于修改宪法部分内容的建议》,其中包括国家监察委员会的相关内容。3月,十三届全国人大一次会议通过《中华人民共和国宪法修正案》,以国家根本大法的形式确立了监察机关作为国家机构的宪法地位,并增设"监察委员会"一节。之后,会议通过《中华人民共和国监察法》。这为深化国家监察体制改革提供了宪法和基本法律依据。

2018年2月,党的十九届三中全会通过《中共中央关于党和国家机构改革的决定》和《深化党和国家机构改革方案》,对组建国家监察委员会作出明确部署。3月,十三届全国人大一次会议选举和任命了国家监察委员会主任、副主任和委员,标志着国家监察委员会正式组建。国家监察委员会将原监察部、国家预防腐败局的职责,与最高人民检察院查处贪污贿赂、失职渎职及预防职务犯罪等反腐败相关职责整合,同中央纪律检查委员会合署办公,履行纪检、监察两项职责,实行一套工作机构、两个机关名称。从2017年

10月至2018年3月，短短几个月内，国家、省、市、县四级监察委员会全部组建产生，在党和国家机构建设史和纪检监察史上具有里程碑意义，国家监察体制改革迈入全面深化的新阶段。

一百多年来，在党领导革命、建设和改革的伟大斗争中，党的纪律建设经历了从萌芽、发展到不断完善、成熟的过程，在理论和实践方面都积累了许多宝贵经验，对于深入推进新时代党的纪律建设具有十分重要的参考和借鉴意义。

参考阅读

纪律严明是党的光荣传统和独特优势

纪律严明是我们党百年奋斗的独特优势和宝贵经验。中国共产党自成立之日起，就严格按照马克思主义建党原则，把纪律和规矩写在自己的旗帜上。新修订的《中国共产党纪律处分条例》是党的十八大以来，以习近平新时代中国特色社会主义思想为指导，对中国共产党纪律发展实践的经验总结和理论概括。

强化党的纪律教育是新时代坚持党的全面领导的内在要求。党的十八大以来，以习近平同志为核心的党中央旗帜鲜明地坚持和加强党的全面领导，明确"中国特色社会主义最本质的特征是中国共产党领导，中国特色社会主义制度的最大优势是中国共产党领导，党是最高政治领导力量"，强调"党的领导必须是全面的、系统的、整体的""坚持党的领导，首先是坚持党中央权威和集中统一领导，这是党的领导的最高原则"，要求"在坚持党的领导这个重大原则问题上，我们脑子要特别清醒、眼睛要特别明亮、立场要特别坚定，绝不能有任何含糊和动摇"，以一系列制度安排把党的领导落实到治国理政全过程各方面,党中央权威和集中统一领导得到有力保证,党总揽全局、协调各方的领导核心作用得到充分发挥。

一、尊崇党章这个管党治党的总章程

新时代坚持党的全面领导,必须尊崇党章,党章是党的根本大法,全党必须遵守的总规矩。没有规矩,不成方圆。党章是党的总章程,集中体现了党的性质和宗旨、党的理论和路线方针政策、党的重要主张,规定了党的重要制度和体制机制,是全党必须共同遵守的根本行为规范。

党章的权威,在于全党意志的集中体现。党章的生命,在于全党上下共同尊崇、一体执行。新时代党章的制定和修正,见证了党的建设的伟大成就。二十大党章明确规定:"中国共产党的领导是中国特色社会主义最本质的特征,是中国特色社会主义制度的最大优势。党是最高政治领导力量。党政军民学,东西南北中,党是领导一切的。"在各级党组织的全部活动中,把认真学习党章、严格遵守党章作为加强党的建设的一项基础性经常性工作,坚持引导广大党员、干部特别是领导干部自觉学习党章、遵守党章、贯彻党章、维护党章。全党同志自觉把学习和尊崇党章作为应尽义务和庄严责任,加强党性修养,增强党的意识、宗旨意识、执政意识、大局意识、责任意识,把党章牢牢刻印在心上,内化于心、外化于行,自觉用党章规范自己的言行,贯彻落实党的路线方针政策和决策部署,增强对党的政治认同和情感认同,坚定对党的信仰和忠诚。

二、维护党中央权威和集中统一领导

坚持党的领导首先是坚持党中央的集中统一领导。事在地方,要在中央。治理好我们这个世界上最大的执政党和人口最多的国家,必须坚持和加强党的全面领导,特别是要维护党中央权威和集中统一领导。在国家治理体系的大棋局中，党中央是坐镇中军帐的"帅"，车马炮各展其长，一盘棋大局分明。党中央集中统一领导是党的领导的最高原则，加强和维护党中央集中统一领导是全党共同的政治责任。

党中央的权威体现在哪里？首先就体现在党中央说的话能够算数，党的理论和路线方针能够不折不扣地得到贯彻执行。通过执行党的纪律，开展有力的监督检查，完善贯彻落实党中央决策部署的任务分工、督促检查、情况通报、监督问责等制度机制，切实把党的领导落实到改革发展稳定、内政外交国防、治党治国治军等各领域各方面各环节，化解部门分歧，消除条块梗阻，力戒形式主义、官僚主义，及时发现并解决装样子、做选择、搞变通、空泛表态、敷衍塞责，有令不行、有禁不止，弄虚作假、阳奉阴违等问题，推动各地区各部门深入学习贯彻习近平新时代中国特色社会主义思想，抓好党中央决策部署贯彻落实和习近平总书记重要指示批示落地见效，正确处理保证党中央政令畅通和立足实际创造性开展工作的关系，积极主动将党的主张和重大决策部署转化为法律法规和政策政令，转化为领导体制、工作机制和管理方式方法创新，转化为推动经济社会发展的实际行动，更好地维护党中央权威和集中统一领导。如果党内缺少了纪律和规矩，党的理论和路线方针政策可以随意不执行，各自为政、各行其是，想干什么就干什么，党就会成为一盘散沙，就会成为各行其是的"私人俱乐部"，党的领导就会成为一句空话。

三、坚持党管干部原则

坚持党管干部原则是坚持党的全面领导的要害所在。党的领导涵盖改革发展稳定、内政外交国防、治党治国治军所有领域和各个方面。在长期的治国理政实践中，逐渐发展完善了"归口管理""党组""议事协调机构"等体制机制和管理方式，将执政党的政治领导、组织领导和思想领导深刻融入党对国家治理的全面领导和统筹协调,有效保证了党对国家和社会的全面领导。政治路线确定之后,干部就是决定因素。也就是说,党中央作出的决策部署,党的组织、宣传、统战、政法等部门要贯彻落实,人大、政府、政协、法院、检察院的党组织要贯彻落实,事业单位、人民团体等的党组织也要贯彻落实。因此党的干部是党和国家事业的骨干。

选对一人,造福一方;选错一人,贻害无穷。路线方针政策的正确性、科学性、实践性,很大程度上取决于贯彻落实的能力和水平。好干部是选出来的,更是管出来的。党的纪律规范了党的各级组织之间、党组织和党员之间以及党员与党员之间的关系,体现了民主集中制这一根本组织制度和领导制度。党章规定的"四个服从",既是党最基本的组织原则,也是最基本的纪律。《中国共产党纪律处分条例》涵盖的下级党组织拒不执行或擅自改变上级党组织决定的行为,搞拉票助选等非组织活动的行为,干部选任工作中搞任人唯亲、排斥异己、突击提拔或调整干部等违纪行为,都是针对现实中违反党管干部原则行为的鲜明回应,突出强调全方位管理,强调"严紧实",就为干部的日常管理和监督划定了一道不可逾越的底线。

四、严明政治纪律和政治规矩

党的纪律是多方面的,但政治纪律是最重要、最根本、最关键的纪律,是管方向、管立场、管根本的总要求。习近平总书记多次强调政治纪律的重要性,指出"严明党的纪律,首要的就是严明政治纪律""政治纪律和政治规矩这根弦不能松""谁都不能拿政治纪律和政治规矩当儿戏""全党必须讲政治,把政治纪律摆在首位,消弭隐患、杜绝后患""要时刻强调政治纪律和政治规矩,严肃查处违规逾矩行为"。

《条例》第六章"对违反政治纪律行为的处分"中规定,党员领导干部在本人主政的地方或分管的部门自行其是,搞山头主义,拒不执行党中央确定的大政方针，甚至背着党中央另搞一套的，落实党中央决策部署不坚决，打折扣、搞变通，在政治上造成不良影响或严重后果的，应当给予纪律处分，将不按照有关规定向组织请示、报告重大事项由"对违反组织纪律行为的处分"调整至"对违反政治纪律行为的处分"，这样就通过严明政治纪律和政治规矩的形式将党中央要求及实践成果固定下来，以党内法规制度的刚性，维护党中央定于一尊、一锤定音的权威。

新时代持之以恒正风肃纪，开展了史无前例的反腐败斗争，反腐败斗争取得压倒性胜利并全面巩固。严肃查处周永康、薄熙来、孙政才、令计划等严重违纪违法案件，坚决查办孙力军、邓恢林、龚道安、王立科、刘新云、傅政华等人的政治团伙案，严肃查处王富玉、周江勇等政治问题和经济问题交织的腐败案件，防止党内形成利益集团，斩断权力与资本勾连的纽带。宣告了任何人都不是"铁帽子王"，也没有免罪"丹书铁券"。及时发现、着力解决"七个有之"问题，坚决清除表里不一、阳奉阴违的"两面人"，坚决防止领导干部成为利益集团和权势团体的代言人、代理人，党中央以扎实有效的反腐败斗争赢得海内外一致赞誉，巩固了党中央权威和集中统一领导，彰显了党中央权威和集中统一领导是我们最大的政治优势、组织优势、制度优势，说明了严明的纪律是全党步调一致向前进的坚强保障。

五、巩固党和人民群众密切联系

党的领导的内在本质是马克思主义政党根据自己的马克思主义世界观和方法论，根据自己对于人类社会发展规律的科学认识，在历史发展的各个阶段向工人阶级和广大人民群众指明社会前进方向和他们的利益所在，教育、组织工人阶级和人民群众团结起来，自觉为实现自己的利益，为推动历史前进而共同奋斗的活动。党的领导体现为全面宏观领导与具体工作引导的有机统一。所以，党在自己的领导活动中，既要从宏观上抓好路线方针政策这样全局性的大事,也要做好实现领导所必须的各种具体工作。

人民群众是我们党的力量源泉和胜利之本,能否始终保持和发展党同人民群众的血肉联系,直接关系到党的盛衰兴亡,关系到党的全面领导。因此,党必须同人民群众保持密切的联系。只有加强党的纪律,时刻牢记党的根本宗旨,使广大党员干部时时处处自觉维护人民群众的利益,同损害人民群众利益的现象作斗争,才能取信于民,才能真正做到把实现好、维护好、发展好最广大人民的根本利益作为党的最高利益。党的路线方针政策和上级的正确决定来自群众,反映了最广大人民群众的意愿,代表了全局的、最广大人民群众的利益,党的干部必须认真执行党的路线方针政策,才能维护最广大人民群众的利益,不能有任何偏离;必须坚持权为民所用,决不能以权谋私;必须把对上级负责和对群众负责统一起来,决不能把两者割裂开来、对立起来;必须在工作中坚持群众路线,深入实际调查研究,增强问政于民、问计于民、问需于民的自觉性,决不能搞形式主义、官僚主义和强迫命令。

六、凝聚团结干事强大合力

党面临的形势越复杂、肩负的任务越艰巨,就越要加强纪律建设。实践证明,什么时候党的纪律严明,党的战斗力就会增强,党的事业就会蓬勃发展;什么时候党的纪律松弛,党的战斗力就会削弱,党的事业就会遭受挫折。革命战争时期如此,建设、改革开放乃至今后的历史时期,同样如此;我们党弱小时如此,发展成为大党时,也是如此。党的二十大报告提出,从现在起,中国共产党的中心任务就是团结带领全国各族人民全面建成社会主义现代化强国、实现第二个百年奋斗目标,以中国式现代化全面推进中华民族伟大复兴。全面建设社会主义现代化国家,是一项伟大而艰巨的事业,前途光明、任重道远。当前,国际局势复杂多变,改革发展稳定、内政外交国防、治党治国治军各方面任务之繁重前所未有。正如习近平总书记强调的,党面临的长期执政考验、改革开放考验、市场经济考验、外部环境考验长期存在，党面临的精神懈怠危险、能力不足危险、脱离群众危险、消极腐败危险长期存在。就加强党的纪律和纪律建设而言，有的党组织和党员、干部还不同程度地存在着纪律意识淡薄、纪律原则漠视、纪律教育忽视、纪律遵守松懈、纪律执行软弱、纪律监督缺失、纪律责任虚化、纪律修养不足等问题。前进道路上，必须牢牢把握坚持和加强党的全面领导这一重大原则，坚决维护党中央权威和集中统一领导，依靠严明的纪律把党的领导落实到党和国家事业各领域各方面各环节，横向到边、纵向到底地坚持党的全面领导，使党始终成为风雨来袭时全体人民最可靠的主心骨，确保我国社会主义现代化建设正确方向，确保拥有团结奋斗的强大政治凝聚力、发展自信心，集聚起万众一心、共克时艰的磅礴力量。

（来源：光明网，2024 年 4 月 25 日，作者：徐航）

第三章
加强纪律建设是
全面从严治党的治本之策

加强纪律建设是全面从严治党的治本之策。我们党是用革命理想和铁的纪律组织起来的马克思主义政党，组织严密、纪律严明是党的优良传统和政治优势，也是我们的力量所在。全面从严治党，重在加强纪律建设。我们现在要强调的是扎紧党规党纪的笼子，把党的纪律刻印在全体党员特别是党员领导干部的心上。

——2015年10月8日，习近平在十八届中央政治局常委会第一百一十九次会议关于审议中国共产党廉政准则、党纪处分条例修订稿时的讲话

中国共产党是靠革命理想和铁的纪律组织起来的马克思主义政党，重视纪律、严明纪律是党的光荣传统和独特优势。党的十八大以来，以习近平同志为核心的党中央全面加强党的领导和党的建设，把加强纪律建设作为全面从严治党的治本之策，摆在更加重要和突出的位置。党的十九大将纪律建设纳入新时代党的建设总体布局，把纪律建设提升到前所未有的新高度。党的二十大报告对"坚持以严的基调强化正风肃纪"作出战略部署，强调"全面加强党的纪律建设"。习近平总书记在二十届中央纪委二次全会上强调，要把纪律建设摆在更加突出的位置，党规制定、党纪教育、执纪监督全过程都要贯彻严的要求，既让铁纪"长牙"、发威，又让干部重视、警醒、知止，使全党形成遵规守纪的高度自觉，为党和国家事业发展提供了坚强的纪律保障。

一、党的纪律是党的生命

国有国法，家有家规，党有党纪。高度的组织性和严明的纪律性是无产阶级政党的显著特点。马克思、恩格斯最早论述了无产阶级政党纪律的科学内涵。中国共产党作为以马克思主义为指导思想的无产阶级政党，自诞生之日起就与严明的纪律密不可分。

在当代社会，纪律作为一种社会行为规则已经普遍存在并作用于社会生活的各个领域、各个层面和各种组织之中。每个组织、群体、行业和职业都有自己的纪律，这些纪律的层次、内容各不相同。有的纪律是针对某一部分人的，比如，政党纪律、军事纪律；有的纪律是针对某一社会行业或职业的，比如，财经纪律、政法纪律；有的纪律则约束社会活动或工作中的某一方面行为,比如,劳动纪律、保密纪律、宣传纪律,等等。

中国共产党的纪律是按照党的性质和民主集中制原则,由党的特定组织和机构创制并且以强制力保证实施的,党的各级组织和全体党员必须共同遵守的行为规则。党的纪律是执行党的路线、方针、政策,维护党的团结统一,完成党的使命任务,巩固党同群众的密切联系,提高党的凝聚力、战斗力、领导力的重要保证,是我们党区别于其他政党的重要标志。党组织必须严格执行和维护党的纪律,党员必须自觉遵守党的纪律约束。

二、违纪行为和纪律处分

违纪行为是与守纪行为相对应的一个概念,是党的纪律发挥作用的客体目标,也是党的纪律建设专门要防止和解决的问题。也就是说,党制定纪律、实施纪律的直接目的就是遏制违纪行为。党内决不允许有任何不受纪律约束的党组织和党员,凡是违反党的纪律的行为都必须予以追究责任,应当受到纪律处分的必须给予相应的纪律处分。

(一)违纪行为的特征

根据 2023 年新修订的《中国共产党纪律处分条例》,第二章关于"违纪与纪律处分"的规定,违纪行为是指党组织和党员违反党章和其他党内法规,违反国家法律法规,违反党和国家政策,违反社会主义道德,危害党、国家和人民利益,依照党的纪律处分规定和其他党内处罚规定应当受到追究的行为。

违纪行为具有以下三个基本特征。

第一,违纪行为必须是危害党、国家和人民利益的行为,对党和社会具有一定的危害性。这是一切违纪行为最本质的属性和特征。如果某种行为对党、对国家和人民的利益没有造成危害,即不具有危害性,那么它就不能被认定为违纪行为。违纪行为的本质特征是危害性,即构成一定危害程度的行为。那么,什么样的危害性行为才算违纪呢? 这需要根据党的纪律规范来判断。在实践中,如果党员的行为虽然违反有关道德或法律法规,造成一定危害,但在党内法规等纪律规范中没有任何直接或间接的规定,便不能认定为违纪行为。比如,党员某些违反治安管理的行为、行政违法行为、民事违法行为(如闯红灯、违法停车等),虽然也具有一定程度的危害性,但在党内并没有相关纪律规定,就不能以违纪行为论处。

第二,违纪行为必须是违反党的纪律规范的行为,即具有违纪性。违纪行为不仅是危害党、国家和人民利益的行为,而且违背或触犯党的纪律规范的规定或要求,具有违纪性,才构成违纪。

第三,违纪行为必须是依据规定应当受到处罚的行为,即应受处罚。这里所指的"应受处罚"的依据是党的纪律处分规定和其他党内处分规定。对违纪行为的判断,是根据其是否应受纪律处分或有关处罚来界定的。

违纪行为的三个特征是密不可分的,也是从原则上判断违纪行为的界定标准。行为不具有危害性,不构成违纪行为;行为具有危害性,但危害性没有达到违反纪律处分规定或应当受到党内处分的程度,也不构成违纪行为。因此,任何违纪行为都必须同时具备这三个基本特征。

(二)纪律处分的特征

党的纪律处分是指党的组织按照党的纪律规定,对违犯党的纪律应当承担责任的党组织、党员采取的带有强制性的处罚措施,是党的纪律实施的重要手段。纪律处分的性质和宽严程度应当与纪律责任的性质和大小相适应,而纪律处分和纪律责任又都取决于违纪行为的性质和危害程度。不依据违纪行为而滥用纪律处分,是党的纪律所禁止的。根据2022年新修订的《中国共产党章程》的规定,对党员的纪律处分有五种:警告、严重警告、撤销党内职务、留党察看、开除党籍；对于严重违犯党纪、本身又不能纠正的党组织的纪律处理有两种：改组、解散。

党的纪律处分主要具有以下四个方面的基本特征：

第一，纪律处分是一种强制性的处罚措施。所谓"处罚"，就是通过使做错了事的人感受到痛苦、付出代价或承担损失，使其对自己的错误行为引以为戒，吸取教训，不再重犯。纪律处分就是对违纪党员采取的一种处罚方法。同时这种处罚还具有强制性。也就是说，党员只要实施了违反党的纪律的行为，且达到了一定危害程度，符合党的纪律规定的相应的纪律处分的要求，就应当受到处罚，不论被处罚者是否同意和接受。

第二，纪律处分只能利用组织手段来实施。所谓"组织手段"，就是由党章和其他党的纪律规范规定的，党组织所特有的强制手段。除了这些强制手段以外，在党内不允许运用其他手段实施纪律处分。在国际共产主义运动史和中国共产党历史上，都曾出现运用非组织手段对党内同志"残酷斗争、无情打击"的极端行为，产生了严重错误。对此，党章在"党的纪律"一章中明确规定："党内严格禁止用违反党章和国家法律的手段对待党员，严格禁止打击报复和诬告陷害。"

第三，纪律处分只能依据党的纪律的规定来适用。由于党的纪律和国家法律法规都有着共同的本质，具有一致的价值取向，且党的纪律严于国家法律，因而党员违反国家法律法规的行为，往往首先违犯了党的纪律，即"违法必先破纪"。但是，党组织在适用党纪处分时的直接依据应当是党的纪律规范，而不能直接依据国家法律法规和行政纪律适用党纪处分。既不能以党纪处分代替法律制裁、政务处分，也不能以法律制裁、政务处分代替党纪处分。

第四，纪律处分只能由特定的党组织具体实施。党的纪律是党的组织和集体意志的集中体现，纪律处分只能由党的组织来适用。任何党员，无论地位有多高、权力有多大,都无权以个人意志凌驾于党的组织意志之上,随意对其他党员施行纪律处分。同时,不同层次或级别的党组织依据党章规定所能够行使的纪律处分权限不同,每一级党组织只能在自己的权限范围内行使纪律处分权,不能越权作出纪律处分决定。

·(三)纪律处分与组织处理的关系

并非所有违纪行为都必须给予纪律处分,只有当违纪行为的性质和程度达到纪律处分的标准和条件时,才能给予纪律处分。但是这并不意味着不给予纪律处分,就不是违纪行为,就可以不受到处罚。也就是说,凡是违纪行为,必然受到处罚,这种处罚可能是纪律处分,也可能是组织处理或其他处理。

关于组织处理,从目前党内法规关于组织处理的界定来看,尚未形成统一的规范和标准。《中央纪委、中央组织部关于在查处违犯党纪案件中规范和加强组织处理工作的意见(试行)》规定,组织处理包括停职、调整和免职。《党政领导干部选拔任用工作条例》规定,组织处理的方式包括免职、降职等。《中国共产党问责条例》规定,组织处理包括停职检查、调整职务、责令辞职、降职、免职等。然而在实际工作中,组织处理并不局限于狭义的岗位、职务调整,与岗位、职务调整不直接相关的批评教育、通报批评、诫勉等也可被视为广义上的组织处理方式。这里所指的"组织处理"是广义上的组织处理,即党组织按照干部管理权限,对违犯党的纪律的党员干部进行必要的批评教育、责令检查、通报批评、诫勉、停职检查、调整职务、引咎辞职、责令辞职、降职、免职等组织措施。

纪律处分和组织处理作为党组织实施的处罚违纪行为的两种不同的手段,其执行主体、适用条件、实施程序、惩戒方式和结果等都不尽相同。在处理党员违纪问题时,应当综合运用纪律处分、组织处理等措施,发现问题该提醒的提醒,该教育的教育,该处理的处理,更加及时有效地教育、管理、监督党员,从而严肃党的纪律,维护党的形象。一方面,二者互为补充。纪律处分和组织处理可以并处,从而更好地达到对违纪党员教育惩戒的目的。给予违纪党员党纪轻处分的,可同时建议党委和组织部门采取停职、职务调整、降职、免职等组织处理措施。组织处理也可以单独使用,以体现从严要求,抓早抓小。如果违纪情节较轻,尚未达到纪律处分的程度,或者只应给予党内轻处分,且有从轻、减轻处分的情形,仅采取组织处理方式也能达到惩戒目的,可以免予党纪处分。另一方面,二者不能相互代替。组织处理不能替代纪律处分,按照违纪行为的性质和情节轻重,应追究党纪责任的,即使已经采取组织处理,仍然要给予相应的纪律处分。组织处理和纪律处分不存在谁轻谁重的问题,是两种不同的处理手段。

三、把纪律建设纳入党建布局

党的十九大提出了新时代党的建设总要求,明确新时代党的建设的根本原则、指导方针、主线、总体布局和根本目标,对推进党的建设新的伟大工程作出顶层设计和战略部署。纪律建设作为党的建设系统工程的重要组成部分,必须遵循新时代党的建设总要求。党的十九大报告把"坚持党要管党、全面从严治党"确定为新时代党的建设的根本方针,并写入党章。在"从严治党"前加上"全面"二字,是对党的十八大以来管党治党实践经验的规律性总结,也对新时代从严治党提出了新的更高要求。十九大党章总纲关于党的建设基本要求,专门增加了第五条"坚持从严管党治党",特别强调纪律建设,要求"把严的标准、严的措施贯穿于管党治党全过程和各方面。坚持依规治党、标本兼治,坚持把纪律挺在前面,加强组织纪律性,在党的纪律面前人人平等"。新时代党的纪律建设就是要按照全面从严治党的部署和要求,坚持敢管敢严、真管真严、长管长严,将"全面"和"从严"的要求贯穿纪律建设的全过程。制定系统的纪律规范,为全党制定共同遵守的行为准则,划出行为底线和红线;广泛开展纪律教育,使党的纪律和规矩转化为党员干部自觉的价值取向和行为习惯,做到内化于心、外化于行;严格执行各项纪律,使纪律真正成为管党治党的硬约束,通过严管体现厚爱,通过监督促进信任,切实做到有纪必依、执纪必严、违纪必究。

新时代党的建设总要求还明确了总体布局,即"全面推进党的政治建设、思想建设、组织建设、作风建设、纪律建设,把制度建设贯穿其中,深入推进反腐败斗争",抓住了新时代党的建设的重点和关键,突出了政治建设的统领地位和纪律建设这个管党治党的治本之策。根据纪律建设的特性,必须将纪律建设融入党的建设各方面各领域,既要有序推动自身的"内循环",也要围绕党的建设总体布局做好"外循环"。从党的建设整体来看,无论哪一方面的建设,都与纪律建设密切相关,都需要用纪律这条"红线"将其贯穿起来。纪律建设要发挥规则之治的作用,将分散在党的建设各方面、各领域的纪律和规则整合,不断健全完善纪律规范体系,实现对党的建设各方面的纪律化。用纪律这个"利器"讲政治、管思想、强组织、抓作风、建制度、反腐败,真正"走活党的建设这盘棋",起到牵一发而动全身的效果。从纪律建设的功能来看,不仅要强调纪律的惩戒功能,更要突出其复合型、综合性功能,充分发挥其正面导向、负面禁止、规范约束、事前预防、强制惩戒等多方面功能,既明确规定全党"必须做什么",又通过禁止性规定列出"不能做什么"的负面清单,为推进党的各方面建设提供纪律保证。

四、全面加强党的纪律建设

2023年12月,中共中央印发了新修订的《中国共产党纪律处分条例》,着眼于解决大党独有难题、健全全面从严治党体系,与时俱进完善纪律规范,为以中国式现代化全面推进强国建设、民族复兴伟业提供坚强纪律保障。党中央先后于 2015 年、2018 年和 2023 年三次修订《条例》，始终坚持严的基调，不断完善纪律规矩，释放了全面从严治党越来越严、越往后执纪越严的强烈信号，充分彰显了我们党推进自我革命的坚定决心和坚强意志。

（一）明确功能定位，把纪律建设摆在更加突出的位置

党的十八大以来，全面从严治党的一个重要内容，就是深化了对纪律建设重要性的认识。以习近平同志为核心的党中央把纪律建设摆在更加突出的位置，作为全面从严治党的治本之策，与时俱进推进理论、实践和制度创新，纪律建设成为新时代党的建设总体布局的突出亮点。

在理论创新方面，确立了纪律建设的治本地位。党的十八大以来，习近平在中央纪委历次全会上都阐述了加强党的纪律建设的重要性，从突出纪律的刚性约束、惩治功能，强调党面临的形势越复杂、肩负的任务越艰巨，就越要加强纪律建设，到突出纪律的行为调整、价值指引功能，提出加强纪律建设是全面从严治党的治本之策，再到提出并阐述全面加强纪律建设。习近平总书记关于纪律建设的重要思想有力唤醒了全党的纪律意识，推动了纪律建设理论和实践创新。全面从严治党通过把党的纪律立起来、严起来、执行到位，改进了党的作风，重塑了党的形象，使党焕发出新的生机和活力。

在规范体系建设方面，明确党章在党的纪律中的最高位阶。习近平总书记高度重视党章在管党治党中的作用，指出党章是"党的根本大法"，强调"建立健全党内制度体系，要以党章为根本依据；判断各级党组织和党员、干部的表现，要以党章为基本标准；解决党内矛盾，要以党章为根本规则"。全党思想统一，首先是对党章认识的统一；全党行动一致，首先是在执行党章上的一致。党的十八大以来，党中央制定或修订的所有党内法规都是以党章为根本遵循，所有纪律条文都是党章要求的具体化。

(二)突出执纪重点,把政治纪律和政治规矩摆在首位

旗帜鲜明讲政治,是马克思主义政党的鲜明特征,也是我们党一以贯之的政治优势。2022年新修订的党章第三条关于党员必须履行的义务明确规定,"自觉遵守党的纪律,首先是党的政治纪律和政治规矩"。在党的六项纪律中,政治纪律是牵头管总的,如果政治纪律立不起来、严不起来或执行不到位,势必导致其他纪律全面失守,党就会陷入软弱涣散的境地。二十届中央纪委三次全会再次明确要求,突出"两个维护"深化政治监督,把严明党的政治纪律和政治规矩摆在突出位置。从党的十八大以来《条例》的历次修订也可以看出不断明确和完善政治纪律和政治规矩的导向。这说明,我们党与时俱进地将全面从严治党丰富实践经验和重要理论成果转化为纪律规定,充分体现了党中央纵深推进全面从严治党和党的自我革命的坚定决心和坚强意志。

政治纪律是各级党组织和全体党员在政治方向、政治立场、政治言论、政治行为等方面必须遵守的刚性约束,是最重要、最根本、最关键的纪律,是维护党的团结统一的根本保证。遵守党的政治纪律是遵守党的全部纪律的重要基础。因此,要永远把遵守政治纪律和政治规矩摆在首要位置。习近平总书记指出:"要抓住这个纲,把严肃其他纪律带起来。"党的十八大以来,我们党突出严明政治纪律和政治规矩,强化对党的政治认同、思想认同、情感认同,为党的各项纪律的执行打下坚实的思想和政治基础。

严明党的政治纪律,是党的十八大以来全面从严治党的一条红线。我们党在历史上第一次把党章的纪律要求细化为"六项纪律",解决了长期以来纪律分类不清晰的问题;把严明政治纪律拎出来,带动其他各项纪律严起来、硬起来。纪委监督执纪把政治纪律摆在第一位,严查"七个有之",力促"五个必须",消除了党内重大政治隐患,使各级党组织和党员干部时刻绷紧

政治纪律这根弦，自觉做到"四个服从"，有力维护了以习近平同志为核心的党中央权威和集中统一领导。巡视监督突出政治巡视，以"四个意识"为标杆，把维护党中央权威和集中统一领导作为根本政治任务，抓住"六项纪律"这个标尺，盯住普遍性、倾向性问题，有力维护了党的纪律的权威性。《关于新形势下党内政治生活的若干准则》以党章为根本遵循，把党的政治纪律细化为"十二个不准"，覆盖党员干部政治方向、政治立场、政治言论、政治行为等各个方面，努力在全党形成又有集中又有民主、又有纪律又有自由、又有统一意志又有个人心情舒畅生动活泼的政治局面。

严明党的政治纪律，最根本的是维护党中央权威和集中统一领导。习近平总书记强调："要严守政治纪律，在政治方向、政治立场、政治言论、政治行为方面守好规矩，自觉坚持党的领导，自觉同党中央保持高度一致，自觉维护党中央权威。"严明党的政治纪律，必须旗帜鲜明讲政治，增强"四个意识"，严格遵守党的政治纪律和政治规矩，强化忠诚核心、拥戴核心、维护核心、捍卫核心的自觉性，坚定执行党的政治路线，坚决维护习近平同志党中央的核心、全党的核心地位，坚决维护以习近平同志为核心的党中央权威和集中统一领导。

(三)创新执纪理念，不断完善执纪体系

党的性质决定党纪严于国法，对党员的要求严于普通群众。党的十八大以来，以习近平同志为核心的党中央深刻把握"破法必先破纪"的规律，提出"纪严于法、纪在法前、纪法分开"等理念，创造性地实践监督执纪"四种形态"，为全面从严治党规划了具体实施路径，摆正了纪律和法律的逻辑关系，使执纪理念从侧重惩治向标本兼治转变，执纪导向从"办大案"向管住大多数、维护整个"森林"转变，执纪话语体系从法言法语向纪言纪语转变，纪律建设有了更宽广的格局。

监督执纪"四种形态"辩证统一,各形态之间环环相扣、层层递进,是一个完整、科学的体系。早在2013年党的群众路线教育实践活动工作会议上,习近平总书记指出,教育实践活动要着眼于自我净化、自我完善、自我革新、自我提高,以"照镜子、正衣冠、洗洗澡、治治病"为总要求,着力加强党性教育、作风建设。这些论述为党的纪律建设理论创新提供了重要启迪。从分类施教、分层执纪,到提出监督执纪"四种形态"理论,纪律建设在实践探索中不断创新。"四种形态"从理念创新到付诸实践,从工作要求到制度安排,直到写入十九大党章,其在全面从严治党中的地位和作用日益凸显。在十九届中央纪委二次全会上,习近平总书记在总结党的十八大以来全面从严治党的重要经验时,对监督执纪"四种形态"的运用予以充分肯定,深刻阐述运用"四种形态"、挺纪在前对党的事业发展和党员干部队伍建设的极端重要性,指出要贯彻"惩前毖后、治病救人"的一贯方针,坚持维护党的纪律严肃性和信任爱护干部相统一,抓早抓小、防微杜渐,最大限度防止干部出问题,最大限度激发干部积极性。习近平总书记关于"四种形态"的重要论述,使党的纪律建设的理论基础更加扎实、厚重,作用发挥得更加持久、深远。

根据新修订的《中国共产党纪律处分条例》,第一章第五条明确规定:深化运用监督执纪"四种形态",经常开展批评和自我批评,及时进行谈话提醒、批评教育、责令检查、诫勉,让"红红脸、出出汗"成为常态;党纪轻处分、组织调整成为违纪处理的大多数;党纪重处分、重大职务调整成为少数;严重违纪涉嫌犯罪被追究刑事责任的成为极少数。监督执纪"四种形态"是防止小问题演变为大问题,违纪行为恶化为违法犯罪行为的牢固防线。只有挺纪在前、严防死守,才能最大限度地防止党员干部滑向腐败深渊,从"好同志"变成"阶下囚"。党的十八大以来的执纪工作,根据违纪的不同形态采取不同的应对措施,通过分层次、分类别执行党的纪律,历史性地提高了执纪的精准度,全覆盖、全方位、全流程发挥纪律的作用、体现纪律的价值,实现了从惩治极少数向管住大多数的转变。随着国家监察体制改革的深入推进，"四种形态"也被应用到监察工作中，通过分层设防、分类处置，把严管和厚爱结合起来，让被调查人清醒地认识到自己的问题、深刻反省自己的过错，真诚认错悔过，回到干净干事的正确轨道。

（四）坚持严字当头，充分发挥纪律建设的治本作用

习近平总书记在关于全面从严治党的重要论述中多次谈到历史周期率的问题，强调"党风廉政建设和反腐败斗争是一场输不起的斗争"。勇于自我革命是我们党区别于其他政党的显著标志。只有坚持自我革命，才能确保党不变质、不变色、不变味。习近平总书记强调："如何跳出治乱兴衰的历史周期率？毛泽东同志在延安的窑洞里给出了第一个答案，这就是'只有让人民来监督政府，政府才不敢松懈'。经过百年奋斗特别是党的十八大以来新的实践，我们党又给出了第二个答案，这就是自我革命。"习近平总书记对历史周期率的重要论述，透着强烈的忧患意识，启示我们要以严字当头、一严到底执行党的纪律，把党建得更加坚强有力。

党的十八大以来，全面从严治党始终保持"永远在路上"的政治定力。坚持以人民为中心，下大气力解决人民群众反映强烈、对党的长期执政基础威胁最大的突出问题，反腐败斗争取得了压倒性胜利并全面巩固。同时党不断深化对管党治党规律的认识，着力在常和长、严和实、深和细上下功夫，打出了一整套正风肃纪、反腐惩恶的"组合拳"，推出了一系列事关长远、影响深远的战略举措，使全面从严治党避免跌入"抓一抓、松一松，出了问题再抓一抓、又松一松"的循环，在探索党长期执政条件下的自我监督、自我净化方面积累了宝贵经验，坚定了必胜的信心。

习近平总书记在十九届中央纪委二次全会上总结的全面从严治党六条重要经验，即坚持思想建党和制度治党相统一，坚持使命引领和问题导向相

统一,坚持抓"关键少数"和管"绝大多数"相统一,坚持行使权力和担当责任相统一,坚持严格管理和关心信任相统一、坚持党内监督和群众监督相统一。每一条经验都离不开纪律的严格约束和有力支撑,都体现了纪律建设作为治标之举和治本之策的双重功效。我们要坚持严明正风肃纪,始终保持惩治腐败的高压态势,使纪律成为带电的"高压线";加强严肃的纪律教育,使党的纪律内化于心、外化于行,转化为价值取向和行为习惯,刻印在全体党员心上;严密纪律体系,使党的纪律实现与时俱进,不仅约束各级党组织和全体党员,而且规范领导干部亲属子女的从业行为;不仅引领为政公德,而且规范生活私德,覆盖党员干部做人做事的方方面面。

2024年1月8日至10日,党的二十届中央纪委三次全会强调,习近平总书记关于党的自我革命的重要思想,深刻回答了我们党"为什么要自我革命"的重大问题,指明了确保全党永葆初心、担当使命的根本任务;深刻回答了我们党"为什么能自我革命"的重大问题,坚定了全党用好"第二个答案"、解决大党独有难题的信心和决心;深刻回答了我们党"怎样推进自我革命"的重大问题,展现了党永葆生机活力、走好新的赶考之路的光明前景。因此,在习近平新时代中国特色社会主义思想科学指引下,在以习近平同志为核心的党中央坚强领导下,以伟大自我革命引领伟大社会革命,我们完全有信心纵深推进全面从严治党、全面加强党的纪律建设,使我们党永远保持马克思主义执政党的本色,从而跳出治乱兴衰的历史周期率。

参考阅读

焦裕禄的子女不搞特殊

焦守云是焦裕禄的次女,1953年出生,父亲去世那年,她11岁。"我们站在父亲的'光环'下，就更要守得住寂寞、耐得住清贫。'焦裕禄的孩子'这个身份在生活中就像一把尺子，度量着我们的日常行为。这么多年来，我们一家没有一个在人生的道路上被别人说三道四。"焦守云说道。

"家是最小国，国是千万家。"家风不正则政风难平，焦裕禄精神与焦氏家风一脉相承。焦裕禄从小就教育孩子热爱劳动、艰苦朴素。子女记得最清楚的一句话是——"千万不能搞特殊！"简简单单几个字，并不惹眼，但这条家训，焦家上上下下20多口人都记得。

焦裕禄的大女儿焦守凤初中毕业没考上高中，在家闲着没事干，有人介绍她去当小学教员，有人介绍她去邮政局当话务员，也有人介绍她去当营业员，但是焦裕禄都没有同意。他说："年轻人应干点脏活、累活，要找一个体力劳动比较重的职业去锻炼锻炼。"最后，焦守凤到县食品加工厂当临时工。上班那天，焦裕禄带着女儿对加工厂厂长张树森交代："我的女儿在这里做临时工，你们不要以为我是县委书记，另眼相待，应该对她严格要求。请把她安排在酱菜组，这对改造她的思想有好处。"

焦裕禄11岁的儿子焦国庆有一次挤在礼堂门口想看戏，看门的老肖知道了焦国庆是焦书记的儿子，没要票就让他进去了。焦国庆看完戏回到家，焦裕禄问清他看"白戏"的情况后，十分生气地说："你小小年纪可不能养成占便宜的习惯。看'白戏'是剥削别人的劳动果实。"说着从兜里掏出两角钱，让焦国庆第二天一早把戏票钱送去。

一天早晨，焦裕禄带着二儿子焦跃进到中山南街路西理发店理发。一会儿，6岁的焦跃进着急了，哭闹着要走。理发师张国贞说："先给焦书记理吧，他的工作忙。"焦裕禄看看旁边几个比他来得早的顾客说："我还是等一会儿，让来得早的同志先理吧。"

焦裕禄理完发，又带着焦跃进到城关粮管所买面。一位负责人连忙热情地迎上去说："焦书记，买粮的人很多，排队得等一会儿，我给你代买吧。"

焦裕禄回答道:"你们不要光照顾我,要想办法让来买粮的群众都不排队。还有,你们在这个地方搭个棚子,下雨淋不着群众,天热晒不着群众,那不是更好吗?"买粮的群众都说焦书记工作忙,几次让出位置让他先买,他还是坚持站了半个多小时的队,才买了面。几天后,粮管所在开票窗口前搭起了棚子。

"父亲生前一直教育我们不能有任何特权思想。他到戏院看到群众陆续入场,而前三排的位置一直空着,后来知道,这前三排都是给县委领导留的,而中间最好的那个位置又叫'前三排排长',正是给书记留的,父亲听后很痛心,回来专门起草了《干部十不准》,规定任何干部在任何时候都不能搞特殊化。"

《干部十不准》是:(1)不准用国家和集体的粮食大吃大喝,请客送礼。(2)不准参加封建迷信活动。(3)不准赌博。(4)不准挥霍浪费粮食,用粮食做酒做糖。(5)不准用集体粮款或向社员摊派粮款演戏、演电影。谁看戏谁拿钱,谁吃饭谁拿粮。(6)业余剧团只能在本乡、本队演出,不准借春节演出为名,大买服装、道具,铺张浪费。(7)各机关、学校、企业单位的党员干部,都要以身作则,勤俭过年,一律不准请客送礼,不准拿国家物资到生产队换取农、副产品,不准用公款组织晚会,不准送戏票。礼堂十排以前的戏票不能光卖给国家机关干部,要按先后顺序卖票,一律不准到商业部门要特殊照顾。(8)不准利用职权到生产队或其他部门索取物资。(9)积极搞好集体的副业生产,增加收入,改善生活,不准弃农经商,不准投机倒把。(10)不准借春节之机,大办喜事,祝寿吃喜,大放鞭炮,挥霍浪费。

(来源:《焦裕禄那些鲜为人知的故事》,《人民政协报》,2014年12月25日,作者:张磊、靳燕)

第四章

严明党的纪律，首要的就是严明政治纪律

严明党的纪律，首要的就是严明政治纪律。党的纪律是多方面的，但政治纪律是最重要、最根本、最关键的纪律，遵守党的政治纪律是遵守党的全部纪律的重要基础。政治纪律是各级党组织和全体党员在政治方向、政治立场、政治言论、政治行为方面必须遵守的规矩，是维护党的团结统一的根本保证。

——2013年1月22日，习近平总书记在十八届中央纪委二次全会上的讲话

一、政治纪律是党的全部纪律的基础

党的政治纪律是维护党的政治原则、政治方向和政治路线,规范党组织和党员的政治言论、政治行动、政治立场的行为规则,是党最重要的纪律,是党的全部纪律的基础。

第一,从历史上看,严明党的政治纪律,是我们党从小到大、由弱到强,从挫折中奋起、在战胜困难中不断成熟的根本保证。中国共产党从成立之日起就十分重视政治纪律,要求每个党员和每个要求入党的人都必须"承认党的纲领和章程",拥护党的政治主张。1927年党的五大通过的《组织问题议决案》中第一次明确提出了"政治纪律"这个概念。《议决案》的第三条指出,党内纪律非常重要,但"宜重视政治纪律"。1975年,针对当时遭到"四人帮"严重破坏的党内状况,邓小平重新提出了党的政治纪律问题。他说:"现在不只是组织纪律差,政治纪律也差。"党的十一届三中全会以后,为保证党的十一届三中全会制定的路线、方针和政策的贯彻执行,坚持四项基本原则,党中央再次提出和强调执行党的政治纪律问题。1980年2月党的十一届五中全会通过的《关于党内政治生活的若干准则》,第一条就具体规定了党的政治纪律,强调:"坚持党的政治路线和思想路线,是党内政治生活准则中最根本的一条。"此后,党的十二大以来的党章都把保持全党在思想上政治上的高度一致,作为新时期加强党的建设的根本要求。党的十四大、十五大、十六大报告也都对全党政治上的统一作了强调。2007年,党的十七大报告再次明确指出:"全党同志要坚决维护党的集中统一,自觉遵守党的政治纪律，始终同党中央保持一致，坚决维护党中央权威，切实保证政令畅通。"党的十八大以来，习近平总书记多次强调，党的各级组织要自觉担负起执行和维护政治纪律的责任，加强对党员遵守政治纪律的教育。党的各级纪律检查机关要把维护党的政治纪律放在首位，加强对政治纪律执行情况的监督检查。

第二，从性质上看，政治纪律是维护党的政治方向和政治原则的纪律，是管总的。党的政治纪律，是党的组织和党员在政治言论、政治行动方面同党的路线方针政策保持高度一致的规范，是维护党的性质、宗旨和指导思想的原则和规定。严格遵守和执行党的政治纪律，是坚持党的政治原则和政治方向的前提。政治纪律是执政党纪律的核心。遵守党的政治纪律是遵守党的全部纪律的基础。政治纪律是硬约束，是高压线，是党的全部纪律的基础，党的工作纪律、群众纪律、组织纪律等是党的政治纪律在各个环节的反映。如果政治纪律松弛，那么组织、廉洁、群众等各方面的纪律就会失去政治基础，党就会成为一盘散沙。

第三，从作用上看，只有政治纪律严明，才能使全党成为一个有机的整体，形成强大的凝聚力和战斗力，推动党的事业蓬勃发展。我们党是按照民主集中制原则组织起来的马克思主义政党，具有自己的政治路线、政治纲领和奋斗目标，各级党组织和党员不能各行其是。在国际共产主义运动和我们党的历史上，都曾有过因违反党的政治纪律而使党的事业蒙受损失的教训。在现实中，违反政治纪律和政治规矩有极大的危害性，无论是对党、对国家、对人民，还是对党员干部个人，其危害都不可小觑。从大的方面讲，违反政治纪律和政治规矩，会损害党的形象、削弱党的力量、恶化政治生态、危害执政根基，给党和人民的事业造成重大损害。从小的方面讲，很多党员干部出现问题，都是从违反政治纪律和政治规矩开始的。一个人如果不把政治纪律和规矩当回事，就会一步步走向堕落的深渊。历史和现实的双重教训告诉我们,违反政治纪律的行为对党的危害极大。

总之,党的政治纪律和政治规矩是不断增强党的凝聚力、战斗力的重要武器,是党的事业取得胜利的最可靠保障。如果没有党的政治纪律,党就会变成一盘散沙,一事无成;没有党的政治规矩,党就会混乱无序,同样一事无成。对我们党来说,政治纪律和政治规矩任何时候都不可缺少,在今天则尤为重要。当前,我们比以往任何时候都更接近中华民族伟大复兴的目标,但同时我们党正面临"四大危险""四大考验"。实事求是地说,这些危险和考验对党的先进性和团结统一造成一定冲击,在新的时空条件下必须着力应对好。只有把中国共产党人的使命感、责任感和担当精神凝练为更为严明的政治纪律和政治规矩,防止党组织和党员干部在政治方向、政治立场、政治言论和政治行动方面出现偏差,尤其是防止政治上离心离德、搞帮派团伙,才能具有"打铁"的硬本领,带领人民攻坚克难。面对"两个一百年"奋斗目标和中华民族伟大复兴的中国梦,政治纪律和政治规矩是前进道路上的方向盘,是我们党强大战斗力的重要源泉。

二、强调政治纪律并不是无的放矢

党的十八大以来,党中央多次强调,党员、干部特别是领导干部要严守政治纪律和政治规矩。这是政治立场问题,也是政治定力的体现。习近平总书记充分肯定当前在遵守和维护政治纪律方面,绝大多数党组织和党员做得是好的,但是他同时也指出:"违反政治纪律,破坏政治规矩,巡视也发现了这方面的问题,中央强调政治纪律并不是无的放矢。"[①]对"不守政治规矩"的现象,习近平总书记多有列举。择其要者如下:

---

①　中共中央纪律检查委员会、中共中央文献研究室编:《习近平关于严明党的纪律和规矩论述摘编》,中央文献出版社、中国方正出版社,2016年,第30页。

2014年10月23日，习近平总书记在党的十八届四中全会第二次全体会议上列举了不守政治纪律和政治规矩的"七个有之"现象：一些人无视党的政治纪律和政治规矩，为了自己的所谓仕途，为了自己的所谓影响力，搞任人唯亲、排斥异己的有之，搞团团伙伙、拉帮结派的有之，搞匿名诬告、制造谣言的有之，搞收买人心、拉拢选票的有之，搞封官许愿、弹冠相庆的有之，搞自行其是、阳奉阴违的有之，搞尾大不掉、妄议中央的也有之，如此等等。有的人已经到了肆无忌惮、胆大妄为的地步！而这些问题往往没有引起一些地方和部门党组织的注意，发现了问题也没有上升到党纪国法的高度来认识和处理。这是不对的，必须加以纠正。

2015年1月13日，习近平总书记在第十八届中央纪律检查委员会第五次全体会议上对不守政治纪律和政治规矩的现象进行了深入分析。他指出，从近年来查处的高级干部严重违纪违法案件特别是周永康、薄熙来、徐才厚、令计划、苏荣等案件来看，破坏党的政治纪律和政治规矩问题非常严重，务必引起重视。这些人权力越大、位置越重要，越不拿党的政治纪律和政治规矩当回事，甚至到了肆无忌惮的地步！有的政治野心膨胀，为了一己私利或小团体的利益，背着党组织搞政治阴谋活动，搞破坏分裂党的政治勾当！有的领导干部把自己凌驾于组织之上，把党派他去主政的地方当成了自己的"独立王国"，用干部、作决策不按规定向中央报告，搞小山头、小团伙、小圈子。他们热衷于干的事目的都是包装自己，找人抬轿子、吹喇叭，为个人营造声势，政治野心很大。有的人发展到目空一切的地步，对中央工作部署搞软抵制，甚至冲着党的理论和路线方针政策大放厥词，散布对中央领导同志的恶毒谣言，压制、打击同自己意见不合的同志，一心以为鸿鹄将至，谁挡他的道就要把谁扳倒。胆大妄为到了何等程度！同时，在一些干部中，乱评乱议、口无遮拦现象比较突出。如果造谣生事那是违反党纪甚至违反国法，但这些人就是在那儿调侃，传播小道消息，东家长西家短乱发议论，热衷于转发网上不良信息，甚至一些所谓"铁杆朋友"聚在一起妄议中央大政方针。虽然这只是不负责任地传播消息、发表议论，也不是在正式场合说的，但其腐蚀性、涣散性也是非常严重的。

三、违反党的政治纪律的表现

长期以来，党中央高度重视维护党的政治纪律工作。各级党组织和绝大多数党员、干部按照中央的要求，严格遵守党的政治纪律，自觉贯彻执行党的路线方针政策。各级纪检监察机关切实履行党章赋予的职责，加强对党的政治纪律执行情况的监督检查，严肃查处了一批违反政治纪律的党员、干部，特别是对参与民族分裂活动和非法宗教活动，参加非法组织，编造谣言丑化党和国家形象，传播和散布反动言论的党员、干部依纪依法进行严肃查处，有力地维护了党的团结统一，为促进社会和谐稳定、推动经济社会发展提供了有力保障。但也必须看到，维护党的政治纪律是一场严肃的政治斗争，当前一些党员、干部纪律观念淡薄，违反政治纪律的问题仍时有发生。

第一，有的党员政治不坚定，理想信念缺失。不信马列信鬼神，从封建迷信中寻找精神寄托，有的党员给祖坟迁"宝地"，或把"大师"请进来，在办公桌脚底贴一道"符"，挡一挡来自竞争对手的煞气。有极个别党员由信仰共产主义转为信宗教，有的在旅游景区庙宇大殿烧高香拜佛祖，看风水、寻"神仙"、傍"大师"，旁门左道之人成为家中常客、社会交往的座上宾。

第二，极少数党员在大是大非面前不讲原则，不能同党中央保持高度一致。有的党员得了"软骨病"，关键时刻腰杆不硬，立场摇摆，在一些涉及党的基本理论、基本路线、基本纲领、基本经验的重大政治问题上说三道四、我行我素；有的党员对中央关于经济社会发展的重大政策措施置若罔闻，有令不行、有禁不止，甚至阳奉阴违；有的党员热衷于捕风捉影，毫无事实依据地对党中央的决策随意"解读"，严重歪曲了党中央的意图；有的党员在会议上、文章中对中央的大政方针表示"坚决拥护"，但是饭桌上、私底下说的却是另外一套；有的党员擅自泄露党和国家秘密，给党和国家工作造成严重损失；有的党员不负责任地道听途说，甚至传播政治谣言，在干部群众中造成不良影响。

第三，在一些干部和党组织那里，依然存在对政治纪律不以为然、把政治规矩不当回事的误区，搞无原则的一团和气。比如，有些人认为，自己没有腐败问题就行了，其他问题都"不算个事"，没什么可怕的。一些党组织习惯于把监督防线只设置在反对腐败上，认为只要干部没有腐败问题，其他问题就都可以忽略不计，没有必要也不愿意加以追究。党在长期的奋斗历程中形成了理论联系实际、密切联系群众以及批评和自我批评的三大优良作风，其中批评和自我批评是说服教育党员实现党内团结的重要法宝。党的十八大以来，以习近平同志为核心的党中央以对人民、对历史的高度责任心全面加强管党治党的力度，通过使党员红红脸、出出汗，促使其认识错误和自我反省，收到了凝聚党心、发扬党魂的良好效果。如果党员领导干部对违反政治纪律和政治规矩等错误思想和行为放任不管，搞无原则的一团和气，势必导致广大党员上行下效、问题越积越多、毛病越来越严重，难以使治党落到实处。

第四，有的党员干部把老乡、同学等正常的亲朋友邻关系变成"圈子"关系，私下里结党营私，搞团团伙伙、拉帮结派、利益输送，忘了"君子周而不比，小人比而不周"的古训。这些人利用职权便利在重大问题、敏感事项中跑风漏气、暗通款曲，甚至受人请托通过各种途径、利用各种手段替人说情打招呼，忘了纪律、规矩，其意何在。说到底，少数党员干部的如此做派，谋的并不是党的利益，不是国家和人民的利益，而是一己之利，乃至一派一系之益，混淆了公私之分，背离了党性所在。宗派主义历来是党坚决反对的不良作风，它的存在源于现实存在的党内不同地域、不同分工所带来的利益诉求差别，不可否认，这种差别是正常的，但是宗派主义者忽视了个人利益与集体利益、当前利益与长远利益的辩证统一关系，过分强调小范围的、短期的利益并将其凌驾于公共利益之上，通过结党营私的方式谋求自身利益的膨胀。同时，宗派的头目通常借助宗派力量培植私人势力、捞取政治资本，使本来应该成为人民公仆的党员变成了其敛财的工具。允许宗派主义的存在将在无形中增加党的决策出台和执行的难度，造成决策执行效果的参差不齐。此外，宗派之间极易相互争斗，破坏了党内和谐，削弱了上级组织对下级组织的领导能力和控制力。

第五，有的党员领导干部对自身工作生活中发生的重大问题或情况遮遮掩掩、讳莫如深，既不事前向组织请示，也不事后向组织汇报，忘了还有党组织的存在。党员在享有充分权利的同时，还负有自觉接受组织审查的义务，正确对待组织审查是党员理想信念坚定、作风优良的突出表现，也反映出党员的高度自信。对党员进行组织审查，是判断党员是否合格的直接途径。通过审查，可以发现和了解党员身上存在的问题与缺陷，对症下药，及时予以解决，起到"惩前毖后、治病救人"的作用，从而挽救错误的党员，纯洁党的队伍。党员在党规党纪面前一律平等，任何人不论是普通党员还是党员领导干部，只要有违纪行为都要接受组织审查，不存在凌驾于党内法规之上的组织和个人。必须坚决反对如下四种对抗组织审查的行为：一是串供或伪造、销毁、转移、隐匿证据。证据是案件审查的关键依据，受审查党员采用伪造或者破坏现有证据的方式企图逃避罪责，恰好表明其内心的胆怯和不安。党员应该坚持诚实的态度和敢做敢当的精神，同时相信组织会秉公处理，主动向组织提供所掌握的证据，坦诚违纪事实，这样才能卸下内心的"包袱"。二是阻止他人揭发检举、提供证据材料。个人的合法权利不容侵害，阻止他人揭发是对群众检举权的肆意践踏，以此方式破坏证据的完整性更是恶意侵犯党组织和党规党纪的尊严。作为党员，应当以比普通群众更高的思想觉悟自觉为他人合法权利的行使提供便利、创造条件。三是包庇同案人员。包庇同案人员构成有意向党组织隐瞒和歪曲案件事实，妄图以此帮助他们逃脱法规的制裁，是典型的侥幸心理作祟。党员在面临组织审查时必须做到不拖延、不隐瞒，为自己和同案人员争取宽大处理的机会。四是向组织提供虚假情报，掩盖事实。提供虚假情报极易误导审查人员的思路和审查计划，是明显地故意阻碍案件审查进程，应对其加重处分，以儆效尤。

事实证明，思想上放松了政治纪律和政治规矩这根弦，言行上就会弊端丛生。"不矜细行，终累大德"，不守规矩特别是不守政治规矩是最大的危险。政治问题和贪污腐败、违反党纪和触犯国法，其实是一条藤上的两个瓜，往往是相伴而生的。不懂规矩、不守纪律，长此下去就会言行失当、失范、失控、失节。"吃吃喝喝里面有名堂，勾勾搭搭背后有猫腻"，如果动了贪腐心思、存在腐败行为，就会想方设法搭"过墙梯"、寻"安全通道"、找"保护伞"，就会去搞团团伙伙、帮帮派派，就会无视和破坏党的规矩。不管违反哪方面的纪律，发展到一定程度，都会在群众中和党内造成恶劣影响，最终都会侵蚀党的执政基础，说到底都是破坏政治纪律。从查处的严重违纪案件看，往往政治问题和经济问题交织，经济腐败为政治目的服务。一些腐败分子为了保住并攫取更大经济利益，在政治上有更大的诉求，从而搞团团伙伙、搞小圈子，这对党造成的损害更大，严重危害党和国家政治安全。这些行为的共同点是都会在不同程度上带坏一个地区、部门或单位的风气，破坏良好的从政环境，污染健康的政治生态，败坏党的声誉和形象。

因此，我们必须充分认识并严格执行党的政治纪律的极端重要性和必要性，始终保持高度的政治警觉，增强执行的自觉性和坚定性，坚决维护党中央的权威和党的集中统一领导，确保政令畅通，为顺利实现党的奋斗目标提供坚强的政治保证。

四、严守政治纪律和政治规矩、营造良好的政治生态

(一)政治纪律是党的全部纪律的基础

党的政治纪律是维护党的政治原则、政治方向和政治路线，规范党组织和党员的政治言论、政治行动、政治立场的行为规则，是党最重要的纪律，是党的全部纪律的基础。

第一，从历史上看，严明党的政治纪律，是我们党从小到大、由弱到强，从挫折中奋起、在战胜困难中不断成熟的根本保证。中国共产党从成立之日起就十分重视政治纪律，要求每个党员和每个要求入党的人都必须"承认党的纲领和章程"，拥护党的政治主张。1927年党的五大通过的《组织问题议决案》第一次明确提出了"政治纪律"这个概念。《议决案》的第三条指出，党内纪律非常重要，但"宜重视政治纪律"。1975年，针对当时遭到"四人帮"严重破坏的党内状况，邓小平重新提出了党的政治纪律问题。他说："现在不只是组织纪律差，政治纪律也差。"党的十一届三中全会以后，为了保证十一届三中全会制定的路线、方针和政策的贯彻执行，坚持四项基本原则，党中央再次提出和强调执行党的政治纪律问题。1980年2月党的十一届五中全会通过的《关于党内政治生活的若干准则》，第一条就具体规定了党的政治纪律，强调："坚持党的政治路线和思想路线，是党内政治生活准则中最根本的一条。"此后，党的十二大以来的党章都把保持全党在思想上政治上的高度一致作为新时期加强党的建设的根本要求。党的十四大、十五大、十六大报告也都对全党在政治上的统一作了强调。2007年，党的十七大报告再次明确指出："全党同志要坚决维护党的集中统一，自觉遵守党的政治纪律，始终同党中央保持一致，坚决维护中央权威，切实保证政令畅通。"党的十八大以来，习近平总书记多次强调，党的各级组织要自觉担负起执行和维护政

治纪律的责任,加强对党员遵守政治纪律的教育。党的各级纪律检查机关要把维护党的政治纪律放在首位,加强对政治纪律执行情况的监督检查。

第二,从性质上看,政治纪律是维护党的政治方向和政治原则的纪律,是管总的。党的政治纪律,是党的组织和党员在政治言论、政治行动方面同党的路线方针政策保持高度一致的规范,是维护党的性质、宗旨及指导思想的原则和规定。严格遵守和执行党的政治纪律,是坚持党的政治原则和政治方向的前提。政治纪律是执政党纪律的核心。遵守党的政治纪律是遵守党的全部纪律的基础。政治纪律是硬约束,是高压线,是党的全部纪律的基础,党的工作纪律、群众纪律、组织纪律等是党的政治纪律在各个环节的反映。如果政治纪律松弛,那么组织、廉洁、群众等各方面的纪律就会失去政治基础,党就会成为一盘散沙。

第三,从作用上看,只有政治纪律严明,才能使全党成为一个有机的整体,形成强大的凝聚力和战斗力,推动党的事业蓬勃发展。我们党是按照民主集中制原则组织起来的马克思主义政党,具有自己的政治路线、政治纲领和奋斗目标,各级党组织和党员不能各行其是。在国际共产主义运动和我们党的历史上,都曾有过因违反党的政治纪律而使党的事业蒙受损失的教训。在现实中,违反政治纪律和政治规矩有极大的危害性,无论是对党、对国家、对人民,还是对党员干部个人,其危害都不可轻视小觑。从大的方面讲,违反政治纪律和政治规矩,会损害党的形象、削弱党的力量、恶化政治生态、危害执政根基,给党和人民的事业造成重大损害。从小的方面讲,很多党员干部出现问题,都是从违反政治纪律和政治规矩开始的。一个人如果不拿政治纪律和规矩当回事,就会一步步走向堕落的深渊。历史和现实的双重教训告诉我们,违反政治纪律的行为对党的危害极大。

总之,党的政治纪律和政治规矩是不断增强党的凝聚力、战斗力的重要武器,是党的事业取得胜利的最可靠保障。如果没有党的政治纪律,党就会变成一盘散沙，一事无成；没有党的政治规矩，党就会混乱无序，同样一事无成。对我们党来说，政治纪律和政治规矩任何时候都不可缺少，在今天则尤为重要。当前，我们比以往任何时候都更接近中华民族伟大复兴的目标，但同时我们党正面临"四大危险""四大考验"。实事求是地说，这些危险和考验会对党的先进性和团结统一造成一定冲击，在新的时空条件下必须着力应对好。只有把中国共产党人的使命感、责任感和担当精神凝练为更为严明的政治纪律和政治规矩，防止党组织和党员干部在政治方向、政治立场、政治言论和政治行动方面出现偏差，尤其是防止政治上离心离德、搞帮派团伙，才能具有"打铁"的硬本领，带领人民攻坚克难。面对"两个一百年"奋斗目标和中华民族伟大复兴的中国梦，政治纪律和政治规矩是前进道路上的方向盘，是我们党强大战斗力的重要源泉。

(二)严守政治纪律和政治规矩

当前，在全面从严治党新形势下，严明党的政治纪律和政治规矩，对于各级组织和全体党员自觉遵守和维护党的纪律，营造风清气正的政治生态，加强党的执政能力建设，具有极其重要的意义。

1.严守政治纪律和政治规矩，必须站稳政治立场

党的十八大以来，以习近平同志为核心的党中央全面从严治党，党的建设呈现新亮点，突出的一点是强调严守政治纪律和政治规矩，把守纪律、讲规矩摆在更加重要的位置。

党性问题说到底是立场问题，在指导思想和路线方针政策及关系全局的重大原则问题上，必须在思想上、政治上、行动上同党中央保持高度一致。站稳政治立场最根本的是坚持党的领导，拥护党的基本理论、基本路线、基本方略、基本经验、基本要求，始终做到政治立场不移、政治方向不偏。

中国共产党从当年非常小的一个党走到今天，靠的是什么？很重要的

一条，就是严格的纪律和规矩。比如，党指挥枪的原则，德才兼备、任人唯贤的方针，"四个服从"的纪律，请示报告制度，"三大纪律八项注意"等。毛泽东特别强调纪律，党中央定了的事，党组织定了的事，党员必须无条件地执行。如果有不同意见，可以通过内部渠道去反映，但前提是必须服从。任何党员都不允许公开反对党的理论、路线、方针、政策。毛泽东本人做得非常好，他受委屈的时候，也服从当时的领导。

今天，虽然我们面对的环境、面临的任务跟那个时候很不相同，但是纪律这一条一样重要，甚至更加重要。因为当下不是当年严酷的战争环境，在有的人看来好像纪律没那么重要了，好像不讲纪律也没什么了不起。如果放任这种现象，党必然软弱涣散，没法肩负起领导全面建成小康社会、全面深化改革、全面依法治国，以至实现中华民族伟大复兴的中国梦的使命。

严守政治纪律和政治规矩，站稳政治立场，其依据是宪法、法律和党的纪律、党的规矩。同时，也要看到，严守政治纪律和政治规矩，站稳政治立场，对党、对人民有好处，对党员、干部也是爱护。

2.严守政治纪律和政治规矩，必须坚定政治信仰

党的十八大以来，党中央以高度的使命感、责任感和紧迫感加大全面从严治党力度。习近平总书记强调最多的是理想信念、政治信仰问题。他说，理想信念动摇是最危险的动摇，理想信念滑坡是最危险的滑坡。

在现实中，很多党员干部之所以存在形式主义、官僚主义、享乐主义、奢靡之风等不良作风，之所以敢于无视党的政治纪律和政治规矩，敢于突破和触碰党纪国法的底线和红线，归根结底就是理想信念发生了动摇，就是政治信仰不坚定、不牢固。我们要严明党的纪律，最根本的还是要坚定理想信念、坚定政治信仰。马克思主义的信仰，社会主义和共产主义的信念，是共产党人的政治灵魂，是共产党人安身立命的根本。

科学理论是坚定政治信仰的基石，理想信念是我们坚守信仰的压舱石。

习近平总书记多次指出,崇高信仰、坚定信念不是高不可攀的,雷锋、焦裕禄、杨善洲等就是鲜活的例子。他们一辈子为党和人民奋斗,没有崇高信仰、坚定信念是做不到的。

今天,面对思想文化交流交融交锋更加频繁的形势,要用科学理论武装头脑,不断培育我们的精神家园。实践反复证明,只有理论上清醒才能有政治上的清醒,只有理论上坚定才能有政治上的坚定。理想信念只有建立在对科学理论的理性认同上,建立在对历史规律的正确认识上,建立在对基本国情的准确把握上,党员干部才能不断增强和坚定道路自信、理论自信、制度自信,真正做到在大是大非面前旗帜鲜明,在风浪考验面前无所畏惧,在各种诱惑面前立场坚定,在关键时刻靠得住、信得过、能放心。

3.严守政治纪律和政治规矩,必须遵守党的章程

党章集中体现了党的性质和宗旨、党的理论和路线方针政策、党的重要主张,规定了党的重要制度和体制机制,是全党必须共同遵守的根本行为规范。党章是党的总章程,是全党必须遵循的根本行为规范。所有其他党内规章制度,都源于党章这个根本,都是对党章的延伸和具体化。党的十八大以来,习近平总书记始终强调要学习党章、尊崇党章。党员干部要严守政治纪律和政治规矩,自觉学习党章、遵守党章、贯彻党章、维护党章,切实增强对党章的敬畏感和践行力。

党章是党公开树立的一面旗帜。学习党章必须做到"四个真":一要真信。真信,源于对党内根本大法无可辩驳的权威性。二要真学。对党章,一般地学不行。要认真地而不是敷衍地学,实实在在地而不是空洞地学,做到善学善思、善作善成。三要真懂。一定要下真功夫,"钻进去"研读,"跳出来"思考,做到既知其然,又知其所以然。四要真用。就是要用党章衡量对共产主义远大理想和中国特色社会主义共同理想的坚定信念,衡量党性修养、思想觉悟。

坚决维护党章的权威性和严肃性,需要全党牢固树立党章意识。党章意识来源于党员对党章的深刻认识,根植于党员的内心深处,作用于党员的一言一行。在全面从严治党的新形势下,党员领导干部要做学习党章、遵守党章的模范。就党员领导干部而言,尤其要发挥好表率作用,必须严格按照党章规定的六项基本条件,深入剖析反面典型严重违纪违法的思想根源,以反面典型为镜,深入查找执行政治纪律和政治规矩、组织纪律和廉政纪律等方面存在的突出问题。就广大党员而言,要把学习党章作为必修课,需要时刻对照党章规定的八项义务,自觉用党章规范自己的一言一行,认真查找和纠正自己在党性党风党纪方面存在的问题,不断加强党性修养和党性锻炼。在任何情况下都做到政治信仰不变、政治立场不移、政治方向不偏。党员、干部必须自觉学习党章,做到了然于胸;必须自觉遵守党章,做到不违党章;必须自觉贯彻党章,做到不折不扣;必须自觉维护党章,视党章为自己的政治生命。各级党组织都要坚持引导党员、干部自觉用党章规范自己的一言一行。通过学习贯彻党章,使党员、干部自觉加强党性修养,增强党的意识、党章意识、宗旨意识、执政意识、大局意识、责任意识,切实做到为党分忧、为国尽责、为民奉献。

4.严守政治纪律和政治规矩,必须增强看齐意识

看齐是重大的政治原则,是党的力量所在、优势所在。协调推进"四个全面"战略布局,贯彻落实好新发展理念,决胜全面建成小康社会,关键在党,在党中央集中统一领导,在全党队列整齐、步调一致。讲看齐,对党员干部来说,不是个人的小事,而是事关政治方向的大事;不是一般的品行要求,而是党性要求。

增强看齐意识,最根本的是在思想上政治上行动上同以习近平同志为总书记的党中央保持高度一致。要坚持不懈地用党的理论创新成果武装头脑,深刻领会党的十八大以来党中央治国理政新理念新思想新战略,掌握贯

穿其中的马克思主义立场观点方法。要坚持坚定正确的政治方向，保持对党忠诚的政治品格，无论在什么岗位工作，都要铭记共产党人的政治身份，在坚持什么、反对什么上旗帜鲜明、是非分明，做政治上的明白人。看齐既要见思想，更要见行动，不折不扣地落实党中央的部署，以"三严三实"的要求履行好党和人民赋予的职责使命。

做到经常、主动向党中央看齐，要靠理想、靠党性、靠纪律。各级领导干部要把理想信念作为"主心骨"，越是社会思潮多元多变，越要忠诚于党的信仰信念，坚守共产党人的命脉和灵魂，坚定中国特色社会主义道路自信、理论自信、制度自信。要把锤炼党性作为终身课题，自觉接受党内政治生活锻炼，用好民主生活会这个平台，用好批评和自我批评这一武器，随时修正错误、改正缺点。要认真学习贯彻党章和各项党规党纪，严守党的政治纪律和政治规矩，深刻汲取周永康、薄熙来、徐才厚、郭伯雄、令计划等人的反面教训，知敬畏、明底线，更好地规范自己的行为。各级党委要把看齐意识作为干部教育的重要内容，作为干部选拔任用的重要标准，推动领导干部在思想政治素质上有一个大的提高。

当然，对于看齐，我们不能作庸俗化的理解，有些人将看齐误解为唯上是从，认为看齐是向中央文件和"本本"看齐，是要唯书、唯上，是要人们教条式、机械式地照抄、照搬上级决策，依样画葫芦，这完全是一种误解。看齐不是要让下级教条主义、实用主义地对待上级决策，相反，它是鼓励和倡导从实际出发，要求创造性地把党中央决策部署落到实处，把贯彻中央精神与立足地方部门实际结合起来。看齐并不排斥变革与创新，相反，它要求坚决摒弃不合时宜的旧观念，努力打破制约发展的旧框框，创新党领导经济社会发展的观念、体制、方式方法。看齐实质上是要求我们主动适应经济发展新常态，以创新、协调、绿色、开放、共享的新发展理念为引领，以"四个全面"战略布局为指导，不断提高分析问题、解决问题的能力，提高攻坚克难、化解矛盾的能力，以全面深化改革来破解全面建成小康社会进程中的各种矛盾和问题，紧紧围绕本地区本部门改革发展稳定的深层次矛盾、人民群众反映强烈的突出问题、党的建设面临的严峻课题，精准施策，提高工作水平，不断开拓发展新境界。看齐，实质上是要求把系统掌握马克思主义基本理论作为看家本领，紧密联系全球化和工业化发展的趋势，紧密联系我国改革开放的历史，紧密联系共产党执政的实际，不唯书、不唯上、只唯实，处理好解放思想和实事求是的关系，尊重和把握客观规律，按规律办事，科学地认识世界、务实地改造世界。

向党中央看齐不是跟风式随大流表个态，喊几句时髦口号，不是停留在口头上，而是要最终体现落实在具体行动上。的确，愿不愿把看齐意识变成自觉行动，愿不愿意干实事，是检验党员干部是否合格的一个试金石。向党中央看齐就是要保持强烈的历史责任感和使命感，以对党和人民高度负责的态度，增强责任担当意识，自觉落实好习近平总书记关于"实干兴邦"的要求，以"钉钉子"精神狠抓工作落实，以"踏石留印、抓铁有痕"的劲头埋头苦干。现在管党、治党的路线图已经明晰，关键在于落实和行动，关键在于能内化于心、外化于行，做到知行合一。

从行动上看齐，就是要求党员干部在严格要求自己上向党中央看齐，切实以"合格党员"为标准，切实把"三严三实"作为自己修身做人、律己用权、干事创业的根本要求，对照检查自身言行，坚决管住自己，强化自己的底线、红线和高压线意识，切实管住家属子女和身边工作人员，切实做到自己清、家属清、身边清。保证能在任何时候、任何情况下，牢记全心全意为人民服务的根本宗旨，牢固树立正确的权力观，牢记自己手中的权力是党和人民赋予的，确保把权力全部用在党和人民事业上，把"党员标准"要求贯彻落实到工作实践中，以创造性工作带领人民群众实现党的根本任务。

从行动上看齐，就是要求各级党组织全面落实管党治党主体责任，依法依规做好分内之事，履行好法定之责，不断健全党内法规体系，维护党内法规权威，牢固树立制度面前没有特权、执行制度没有例外的观念，即把权力关进制度的笼子里，以铁的纪律保障党的主张经由党的组织和成员的严格执行变为具体实践，进一步加大监督执纪问责力度，始终保持反腐败高压态势，严守安全、稳定、廉政底线，树立正确用人导向，营造风清气正、干事创业的政治生态和良好的从政环境。

5.严守政治纪律和政治规矩，必须践诺政治言行

党的纪律是执行党的路线、方针、政策和决议，维护党的团结统一，巩固党同群众的密切联系，提高党的战斗力的重要保证。

严明政治纪律和政治规矩，是马克思主义政党区别于其他政党的重要标志，是巩固党的执政地位、提高党的执政能力的重要举措。政治纪律是全党在政治方向、政治立场、政治言论、政治行动方面必须遵守的刚性约束。我们要铭记入党誓词，牢记政治誓言，做到表里如一、言行一致，党中央提倡的坚决响应，党中央决定的坚决照办，党中央禁止的坚决杜绝，并在协调推进"四个全面"战略布局中展现出新作为。

苏联改革后期，曾刮起了一股彻底否定马克思主义，否定列宁、斯大林及其时代成就的政治歪风。这股歪风一再冲击着党的纪律和原则底线，严重削弱苏共中央的政治威信和战斗力，这种局面没有得到有效控制，终致苏共垮台。一段时间以来，我国也出现了污蔑否定党的历史、领袖和伟大成就的历史虚无主义苗头，一定要高度警惕，这也是习近平总书记反复强调严明政治纪律和政治规矩的一个重要原因和指向所在。我们每个党员都必须牢记入党誓词，自觉遵守政治纪律和政治承诺。

在我们党革命、建设和改革的不同时期，党的政治纪律和政治规矩服务于特定的战略目标和中心任务，有着特定的主题、要求和检验标准。在党的十八大以来的历史新阶段，党中央对党员干部践行政治言行最为集中的要

求,就是要着力协调推进"四个全面"战略布局。为此,每个党员干部都要坚决响应党中央的号召,自觉践诺政治言行,充分发挥党员先锋模范作用,争当协调推进"四个全面"战略布局的排头兵。

所以,各级党组织要加强对党员、干部遵守政治纪律的教育,使广大党员、干部深刻认识到政治纪律无小事,严明政治纪律关系党的兴衰存亡,必须把执行和维护政治纪律摆在重要位置。

(三)营造一个良好的政治生态

党的十八大以来,习近平总书记多次强调营造健康政治生态对于党和国家事业发展的极端重要性。择其要者如下:

——2013年1月22日,习近平总书记在第十八届中央纪律检查委员会第二次全体会议上明确指出,改进工作作风,就是要净化政治生态,营造廉洁从政的良好环境。

——2014年6月30日,习近平总书记在主持中央政治局第十六次集体学习时强调,加强党的建设,必须营造一个良好从政环境,也就是要有一个好的政治生态。

——2015年3月9日,习近平总书记在参加十二届全国人大三次会议吉林代表团审议时强调,做好各方面工作,必须有一个良好政治生态。政治生态污浊,从政环境就恶劣;政治生态清明,从政环境就优良。政治生态和自然生态一样,稍不注意,就很容易受到污染,一旦出现问题,再想恢复就要付出很大代价。

——2015年10月29日,习近平总书记在党的十八届五中全会第二次全体会议上强调,党中央坚定不移反对腐败,就是要防范和清除这种非法利益关系对党内政治生活的影响,恢复党的良好政治生态,而这项工作做得越早、越坚决、越彻底就越好。

政治生态既是党风、政风、社会风气的综合体现，也是党员干部党性、觉悟、作风的综合体现。一方面，严明党的政治纪律和政治规矩，是营造一个良好政治生态的重要内容和重要途径。倘若没有严格的政治规矩，"潜规则"盛行，山头主义当道，好人主义滋生，自由主义泛滥，利己主义横行，我们党就不可能有好的政治生态。①另一方面，营造一个良好政治生态，是严明党的政治纪律和政治规矩的重要保障。

参考阅读

把严明政治纪律和政治规矩摆在突出位置

我们党是靠革命理想和铁的纪律组织起来的马克思主义政党，在党的各项纪律中，政治纪律是最重要、最根本、最关键的纪律，是管方向、管立场、管根本的总要求。2023年12月，党中央印发了修订后的《中国共产党纪律处分条例》，把坚决维护以习近平同志为核心的党中央权威和集中统一领导作为出发点和落脚点，进一步严明党的政治纪律和政治规矩。

习近平总书记在二十届中央纪委三次全会上要求，以学习贯彻新修订的纪律处分条例为契机，在全党开展一次集中性纪律教育。广大党员干部要深入学习贯彻习近平总书记的重要讲话和重要指示精神，把学习贯彻《条例》作为重要政治任务，深刻认识政治纪律和政治规矩的重要性，切实把对"两个确立"决定性意义的深刻领悟转化为"两个维护"的自觉行动，始终在政治立场、政治方向、政治原则、政治道路上同党中央保持高度一致。

---

① 赵宏军：《政治规矩严起来，政治生态方能好起来》，《中国纪检监察报》，2015年1月20日，第1版。

一、我们党历来高度重视政治纪律，严明纪律首要的就是严明政治纪律

纪律严明是党的光荣传统和独特优势，我们党正是在不断加强纪律建设中纯洁组织、发展壮大的，严明的纪律特别是政治纪律为我们党在不同历史时期、完成不同历史使命提供了坚强有力的保障。

党成立初期，就树立了明确的"纪律立党"理念，尤为重视纪律建设特别是政治纪律建设。1922年党的二大诞生的第一部党章专门用9个条文规定党纪，其中要求"区或地方执行委员会及各组均须执行及宣传中央执行委员会所定政策，不得自定政策"；1927年党的五大通过《对于组织问题决议案》明确提出政治纪律概念，指出党内纪律非常重要，"宜重视政治纪律"；1927年10月制定人民军队基本纪律——"三大纪律、六项注意"，第一条就明确"行动听指挥"……

随着认识和实践的深化，我们党对严明纪律的规律性认识也在不断深化，对政治纪律的要求更加全面严格。维护党的团结和统一、对党忠诚老实、严格请示报告制度等写入《中国共产党章程》《关于党内政治生活的若干准则》《中国共产党纪律处分条例》等党内法规。

进入新时代，面对新形势新任务新要求，以习近平同志为核心的党中央坚持问题导向，把严明政治纪律和政治规矩摆在更加突出位置，营造旗帜鲜明讲政治、从严从紧抓纪律的氛围，对顶风违反政治纪律和政治规矩的问题严查严处。

"党的十八大以来，在全面从严治党实践中，我们深刻认识到，党内存在的很多问题都同政治问题相关联，都是因为党的政治建设没有抓紧、没有抓实。"习近平总书记反复强调，"政治问题，任何时候都是根本性的大问题。全面从严治党，必须注重政治上的要求，必须严明政治纪律"。

在党的十八大后第一次出席中央纪委全会时，习近平总书记就突出强

调政治纪律，指出"严明党的纪律，首要的就是严明政治纪律"；在十九届中央纪委三次全会上，习近平总书记要求，"要严守政治纪律，在重大原则问题和大是大非面前，必须立场坚定、旗帜鲜明"；在党的二十大上，习近平总书记明确提出落实新时代党的建设总要求，"加强党的政治建设，严明政治纪律和政治规矩"；在二十届中央纪委三次全会上，习近平总书记再次强调，"坚持激浊和扬清并举，严明政治纪律和政治规矩"。

习近平总书记不仅强调政治纪律和政治规矩的重要性，还结合实践点问题、指路径、教方法。

在党的十八届四中全会上，列举了违反政治纪律的"七个有之"问题；在十八届中央纪委五次全会上，首次明确提出遵守政治规矩的要求；在党的十九大上，把严明政治纪律和政治规矩作为党的政治建设的重要内容，要求全党切实遵守；在党的二十届一中全会上，明确提出把维护党中央权威和集中统一领导作为最根本的政治纪律和政治规矩……反复强调、谆谆告诫，为全党拧紧了严明政治纪律和政治规矩的螺丝。

实践探索在前，总结提炼在后。以习近平同志为核心的党中央把严明政治纪律和政治规矩放在从严管党治党、加强纪律建设的首位来抓，实现制度与时俱进。

制定《关于新形势下党内政治生活的若干准则》，把严明政治纪律作为新形势下加强和规范党内政治生活的重要内容；修订《中国共产党党内监督条例》，将落实全面从严治党主体责任，严明党的纪律特别是政治纪律和政治规矩，推进党风廉政建设和反腐败工作情况明确为党内监督的主要内容之一；印发《中共中央关于加强对"一把手"和领导班子监督的意见》，要求各级领导干部特别是高级干部要带头遵守政治纪律和政治规矩，主动向党组织请示报告工作。

加强纪律建设是全面从严治党的治本之策。新时代以来，党中央硬起手腕抓纪律建设，突出强调严明政治纪律和政治规矩，推动各级党组织和党员始终自觉地同党中央保持高度一致，确保全党令行禁止，确保党中央一锤定音、定于一尊。

二、《条例》把坚决维护以习近平同志为核心的党中央权威和集中统一领导作为出发点和落脚点，进一步充实完善纪律规矩要求

党的十八大以来，党中央三次修订纪律处分条例，把坚决维护以习近平同志为核心的党中央权威和集中统一领导作为出发点和落脚点，进一步充实完善各级党组织和全体党员在政治方向、政治立场、政治言论、政治行为方面必须遵守的纪律规矩。

2015年修订《条例》，将党的十八大以来管党治党理论创新和实践创新成果制度化，把党章、党中央的纪律要求及其他党内法规的纪律规定，整合为政治纪律、组织纪律、廉洁纪律、群众纪律、工作纪律和生活纪律六项纪律；突出政治纪律和政治规矩，强调政治纪律在六项纪律中是管总的、打头的，是最重要的纪律；充实完善"对违反政治纪律行为的处分"规定，明确对妄议中央大政方针，破坏党的集中统一等行为予以党纪处分。

2018年修订《条例》，着力提高纪律建设的政治性、时代性、针对性。增加对在重大原则问题上不同党中央保持一致行为的处分规定，增加对搞山头主义、制造传播政治谣言等危害党的团结统一行为的处分规定，增加对搞两面派、做两面人等对党不忠诚不老实行为的处分规定……一系列重要修改，增补完善政治纪律"负面清单"，对管党治党中的突出问题特别是"七个有之"问题作出更有针对性的规定。

2023年12月，党中央印发了修订后的《条例》，坚持以习近平新时代中国特色社会主义思想为指导，全面贯彻党的二十大精神，进一步严明党的政治纪律和政治规矩，带动各项纪律全面从严。

——牢牢把握党的纪律建设的政治属性和时代特征。作为党的纪律建设的基本法规，《条例》坚持用贯穿党的创新理论的立场观点方法引领纪律建设工作。贯彻习近平新时代中国特色社会主义思想特别是党的自我革命的重要思想，落实习近平总书记关于全面加强党的纪律建设重要论述和党的二十大报告关于"三个务必"等要求，《条例》在总则中增写"坚持自我革命""为以中国式现代化全面推进强国建设、民族复兴伟业提供坚强纪律保障"等内容，并在分则具体条文中贯通体现。

——坚决维护党中央权威，保障党中央政令畅通。"两个维护"是党的最高政治原则和根本政治规矩，必须以严明纪律作保障。《条例》完善保障党中央政令畅通的纪律条款，在第五十六条中增写对不顾党和国家大局，搞部门或者地方保护主义行为的处分规定，将贯彻党中央决策部署只表态不落实行为由违反工作纪律调整到违反政治纪律。

——推动完整、准确、全面贯彻新发展理念，促进高质量发展。党的二十大报告部署，加快构建新发展格局，着力推动高质量发展。《条例》新增第五十七条，充实党员领导干部政绩观错位，违背新发展理念、背离高质量发展要求的处分规定，将搞劳民伤财的"形象工程""政绩工程"行为由违反群众纪律调整到违反政治纪律。通过明确纪律要求，推动党员领导干部认真践行正确政绩观，把高质量发展的要求落到实处。

——促进对党忠诚老实，维护党的团结统一。《条例》在第五十四条增写搞政治攀附行为的处分规定，并新增第五十五条，明确对搞投机钻营，结交政治骗子或者被政治骗子利用的，以及充当政治骗子行为的处分规定，以坚决打击此类具有严重政治危害的行为，推动党员做到对党忠诚老实，促进营造良好政治生态。

——规范政治言行，坚定理想信念。《条例》针对执纪监督中发现的问题，在第五十二条增写对私自阅看、浏览、收听有严重政治问题的资料，情节严重行为的处分规定；在第六十九条进一步完善对党员信仰宗教行为的处理处分规定；在第七十条增写对个人搞迷信活动行为的处分规定。

作为规范500多万个基层党组织和9800多万名党员行为的党内基础性法规，《条例》对严明党的纪律、维护党中央权威和集中统一领导发挥着重要作用。在总结实践经验基础上，与时俱进完善纪律规范，进一步严明政治纪律和政治规矩，有利于充分发挥纪律建设标本兼治的利器作用，确保各级党组织和全体党员与党中央同心同德，真心爱党、时刻忧党、坚定护党、全力兴党，在党的旗帜下团结成"一块坚硬的钢铁"。

三、严格贯彻执行党的政治纪律和政治规矩，带动各项纪律全面从严、一严到底

遵守政治纪律和政治规矩是遵守党的全部纪律的重要基础。中共中央政治局在审议新修订的纪律处分条例时强调，要进一步严明政治纪律和政治规矩，以严明政治纪律带动各项纪律全面从严。各级党组织和广大党员要把学习贯彻新修订的条例作为重要政治任务，结合在全党开展的党纪学习教育，自觉将纪律要求内化于心、外化于行。

不搞不教而诛，推动形成"自觉的纪律"。习近平总书记多次强调，要养成纪律自觉，把他律要求转化为内在追求。用好纪律"戒尺"，首先要让党员明确"严"的标准。要注重深化纪律教育，着力解决对党规党纪特别是对党的政治纪律和政治规矩不上心、不了解、不掌握等问题，促进党员增强纪律意识、养成纪律自觉。

各级党组织要推进纪律教育常态化，通过组织集体学习、个人自学、专题培训等形式，加大《条例》宣传教育力度，营造学纪、知纪、明纪、守纪浓厚氛围，让广大党员深刻认识搞投机钻营、政绩观错位等行为的政治危害；把《条例》纳入党员干部培训必修课，结合违反政治纪律和政治规矩典型案例，

引导大家把遵规守纪刻印在心。广大党员特别是党员领导干部要深入领会加强纪律建设是全面从严治党的治本之策，自觉遵守政治纪律和政治规矩，坚持党的全面领导不动摇，贯彻党的路线方针政策不含糊，始终在政治立场、政治方向、政治原则、政治道路上同以习近平同志为核心的党中央保持高度一致。

法规制度的生命力在于执行。要下大气力建制度、立规矩，更要下大气力抓落实、抓执行。纪检监察机关作为党的"纪律部队"，在自身模范遵规守纪的同时，要切实担负起维护党纪的重要职责，强化监督执纪，确保党的政治纪律和政治规矩得到严格贯彻执行。

紧紧围绕新时代新征程党的使命任务强化政治监督，确保党中央决策部署落地生根、一贯到底。自觉把政治监督融入重大发展战略、重要政策举措、重点项目任务的制定和落实中，推进政治监督具体化、精准化、常态化，确保党中央重大决策部署到哪里，政治监督就跟进到哪里。紧紧围绕习近平总书记重要指示批示和党中央大政方针，常态化开展落实情况"回头看"，督促全党统一思想、统一意志、步调一致向前进。

坚决纠正政治偏差，及时消除政治隐患。坚持激浊和扬清并举，严明政治纪律和政治规矩。聚焦政治忠诚，及时发现、着力解决"七个有之"问题，坚决纠治"低级红""高级黑"；聚焦政治安全，对在党内搞政治团伙、小圈子、利益集团的人绝不手软；聚焦政治责任，把监督重点放在推动各级党委（党组）和领导干部特别是"一把手"担当领导责任上；聚焦政治立场，督促党员干部坚决站稳党性立场和人民立场，始终为党尽责、为民造福；聚焦党内政治生活，督促各级党组织落实民主集中制，进一步增强政治功能和组织功能。

纪律严明是我们党不断从胜利走向胜利的重要保障。各级党组织和广大党员要全面准确理解《条例》的丰富内涵，严格执行和维护党的政治纪律和政治规矩，以严明的纪律确保全党自觉同以习近平同志为核心的党中央保持高度一致，统一思想、统一行动，知行知止、令行禁止，形成推进中国式现代化的强大动力和合力。

（来源：中央纪委国家监委网站，2024年4月15日，作者：毛翔）

第五章

严明党的组织纪律，增强组织纪律性

领导我们事业的核心力量是中国共产党。什么叫核心力量？一些同志没有搞得很清楚，或者说知道这个道理，但一到实际工作中就搞不清楚了。党的领导，体现在党的科学理论和正确路线方针政策上，体现在党的执政能力和执政水平上，同时也体现在党的严密组织体系和强大组织能力上。一个松松垮垮、稀稀拉拉的组织是不能干事、也干不成事的。如果党组织像个大车店、大卖场一样，想来就来，想走就走，那还能有什么核心力量？还能把广大人民群众团结在党的周围吗？要好好抓一抓组织纪律，加强全党的组织纪律性。

——2014年1月14日，习近平总书记在十八届中央纪委三次全会上的讲话

一、党的组织纪律释义

组织纪律是规范和处理党的各级组织之间、党组织与党员之间及党员与党员之间关系的行为规则，是维护党的集中统一、保持党的战斗力的重要保证。①中国共产党从成立之日起，就注重加强党的组织纪律建设。党在成立时通过的第一个纲领就明确规定："凡承认本党党纲和政策，并愿成为忠实党员的人……在加入我们队伍以前，必须与企图反对本党纲领的党派和集团断绝一切联系。"共产党是无产阶级的有组织的先锋队，有严格的组织纪律约束，这是保持和维护党的力量和权威，保证党的坚强战斗力，保证党的路线贯彻执行，保证党的先进性的基础。

坚持党要管党、全面从严治党，必须严守党的组织纪律。在党长期执政和全面依法治国进程中，全面从严治党必须围绕坚持党的领导这个根本，注重依规依纪治党，切实加强党内监督。党的领导，很重要的一个方面就体现在党的严密组织体系和强大组织能力上。

组织纪律包括根本制度、基本原则和组织生活规范三个层面的内容。例如，民主集中制、"四个服从"、请示报告制度、民主生活会制度等，是组织生活必须遵循的根本制度、基本原则和行为规范。②严明组织纪律，首要的

---

①　姜洁：《把党规党纪刻印在全体党员心上——中央纪委有关负责同志就颁布新修订的〈中国共产党廉洁自律准则〉〈中国共产党纪律处分条例〉答记者问》，《人民日报》，2015 年 10 月 26 日，第 6 版。

②　闫鸣：《从严治党必须严明党的组织纪律——组织是"铁"纪律如"磁"》，《中国纪检监察报》，2014 年 7 月 10 日，第 1 版。

是维护党的团结统一，核心是坚持民主集中制。民主集中制是民主基础上的集中和集中指导下的民主相结合的制度。它既是党的根本组织原则，也是群众路线在党的生活中的运用。

二、严肃党内政治生活

党的十九大报告指出："严肃党内政治生活，严明党的纪律，强化党内监督，发展积极健康的党内政治文化，全面净化党内政治生态，坚决纠正各种不正之风。"习近平总书记强调："严肃认真的党内政治生活、健康洁净的党内政治生态，是党的优良作风的生成土壤，是党的旺盛生机的动力源泉，是保持党的先进性纯洁性、提高党的创造力凝聚力战斗力的重要条件，是党团结带领全国各族人民完成历史使命的有力保障，是我们党区别于其他非马克思主义政党的鲜明标志。抓好了党内政治生活，全面从严治党就有了重要基础。"[①]严肃的党内政治生活、良好的党内政治生态，是维护党的优良作风的前提。如果党内政治生活混乱，党内风气不正，党的作风建设也就无从谈起。因此，持之以恒地正风肃纪，必须严肃党内政治生活，严格执行《关于新形势下党内政治生活的若干准则》，坚持和完善民主集中制，严肃认真地开展批评和自我批评，营造洁净的党内政治生态。

（一）严肃党内政治生活的重要意义

党的十八大以来，以习近平同志为核心的党中央从全面从严治党的战略高度出发，把严肃党内政治生活、净化党内政治生态摆在更加突出的位置来抓，坚持全面从严治党，严明政治纪律和政治规矩，提高党内政治生活原

---

① 中共中央文献研究室编：《习近平关于全面从严治党论述摘编》，中央文献出版社，2016年，第42页。

则性和战斗性,大力整治形式主义、官僚主义、享乐主义和奢靡之风,严肃查处党员、干部违纪违法问题,坚定不移惩治腐败,完善党内法规制度,不断扎紧制度笼子……一系列政策措施的出台施行有效净化了党内政治风气,党内政治生活出现了许多新气象,为优良作风的培育提供了良好土壤。

党要管党必须从党内政治生活管起,全面从严治党必须从党内政治生活严起。开展严肃认真的党内政治生活,是我们党的优良传统。我们党从成立之日起,就高度重视党内政治生活,在长期实践中逐步形成了以实事求是、理论联系实际、密切联系群众、批评和自我批评、民主集中制、严明党的纪律等为主要内容的党内政治生活基本规范。这些规范为巩固党的团结统一、增强党的生机活力积累了丰富经验,为保证党在各个历史时期完成中心任务发挥了重要作用。要传承和发扬好党内政治生活的优良传统,同时要从党的政治建设、思想建设、组织建设、作风建设、纪律建设实际出发,立足世情国情党情的深刻变化,不断进行改进和创新,使之体现时代性、把握规律性、富于创造性,更好地发挥党内政治生活的功能作用,实现干部清正、政府清廉、政治清明,使我们党始终成为中国特色社会主义伟大事业的坚强领导核心。

严肃党内政治生活是全面从严治党的基础工作,是解决党内自身问题的重要途径,是提高党的自我净化、自我完善、自我革新、自我提高能力的内在要求。管党治党从严,必须按照"贵在经常、重在认真、要在细节"的要求来严肃党内政治生活,必须坚持和发扬党的优良传统,下大气力解决好影响严肃认真开展党内政治生活的各种问题,提高党内政治生活的政治性、原则性、战斗性,从而在推进全面从严治党过程中锻造党的"金刚不坏之身"。

严肃党内政治生活是党内政治生态健康清廉的有力保证。党内政治生活与党内政治生态密切相关,是党的建设相辅相成的两个方面。习近平总书记指出:"有什么样的党内政治生活,就有什么样的党员、干部作风。一个班子强不强、有没有战斗力，同有没有严肃认真的党内政治生活密切相关；一个领导干部强不强、威信高不高，也同是否经过严肃认真的党内政治生活锻炼密切相关。"党内政治生态的破坏首先从党内政治生活随意化、平淡化、娱乐化、庸俗化开始，新形势下，党内政治生活既存在一些长期积压的问题，又叠加上许多新的问题。党内的事情只能通过自己的努力来解决，严肃党内政治生活既要有压力，更要有动力，有动力才能排除阻力。以严肃党内政治生活净化党内政治生态，才能更好地凝心聚魂、强身健体。

严肃党内政治生活是增强党组织政治功能的主要途径。随着社会形势的不断变化，我们党面临的"四大危险"和"四种考验"日益严峻，一些基层党组织政治功能普遍呈弱化、淡化的趋势，主要体现在核心领导作用减弱、不重视思想政治工作、党内政治生活制度落实不严、党员的模范带头作用不强等。实践证明，只有使党内政治生活真正严格起来、严肃起来，对党员干部严格教育、严格要求、严格管理、严格监督，才能充分发挥基层党组织的政治功能，始终保持党的先进性和纯洁性。

（二）严格执行《关于新形势下党内政治生活的若干准则》

1. 为什么要制定《关于新形势下党内政治生活的若干准则》

党的十八届六中全会指出："一个时期以来，党内政治生活中出现了一些突出问题，主要是：在一些党员、干部包括高级干部中，理想信念不坚定、对党不忠诚、纪律松弛、脱离群众、独断专行、弄虚作假、庸懒无为，个人主义、分散主义、自由主义、好人主义、宗派主义、山头主义、拜金主义不同程度存在，形式主义、官僚主义、享乐主义和奢靡之风问题突出，任人唯亲、跑官要官、买官卖官、拉票贿选现象屡禁不止，滥用权力、贪污受贿、腐化堕落、违法乱纪等现象滋生蔓延。"这些问题，严重侵蚀党的思想道德基础，严重破坏党的团结和集中统一，严重损害党内政治生态和党的形象，严重影响党和人民事业发展。为了解决以上问题，严肃党内政治生活，党的十八届六中全会审议通过了《关于新形势下党内政治生活的若干准则》，就新形势下加强和规范党内政治生活作出全面部署，为严肃党内政治生活、净化党内政治生态提供了基本遵循。

制定《关于新形势下党内政治生活的若干准则》，是适应时代发展的需要。党的十一届五中全会深刻总结历史经验特别是"文化大革命"的教训，制定了《关于党内政治生活的若干准则》，为拨乱反正、恢复和健全党内政治生活、推进党的建设发挥了重要作用，其主要原则和规定今天依然适用，要继续坚持。但是，现在距离《关于党内政治生活的若干准则》的制定已经过去很多年了，有的问题在当时是很突出的，现在就不那么突出了，有的问题当时刚刚露头，但是现在应该说比较突出，而且还面临许多新的情况和问题。同时，这些年来，我们党的建设也积累了大量的新成果、新经验，特别是党的十八大以来，以习近平同志为核心的党中央坚持全面从严治党，在管党治党方面取得了显著成效，积累了可贵的经验，所以有必要制定一个新的准则。

《关于新形势下党内政治生活的若干准则》是党中央根据世情、国情和党情的变化，聚焦当前党内政治生活和党内监督存在的突出问题和薄弱环节，围绕权力、责任、担当设计制度，围绕理论、思想、制度构建体系，着力解决党内政治生活庸俗化、随意化、平淡化等问题，全面总结近年来特别是党的十八大以来管党治党的新经验，是顺应时代发展变化对全面从严治党提出的新要求，是指导新形势下全面从严治党的行动纲领，是严肃党内政治生活、净化党内政治生态的根本遵循，是增强党内政治生活的政治性、时代性、原则性、战斗性的强大武器。

2.《关于新形势下党内政治生活的若干准则》的特点

《关于新形势下党内政治生活的若干准则》分3大板块、12个部分：第一板块是序言，属于总论，阐述党内政治生活的重大作用和历史经验、存在的突出问题、面临的形势任务和新形势下加强和规范党内政治生活的重要性和紧迫性，提出加强和规范党内政治生活的目标要求。第二板块是分论，是主体部分，围绕坚定理想信念、坚持党的基本路线、坚决维护党中央权威、严明党的政治纪律、保持党同人民群众的血肉联系、坚持民主集中制原则、发扬党内民主和保障党员权利、坚持正确选人用人导向、严格党的组织生活制度、开展批评和自我批评、加强对权力运行的制约和监督、保持清正廉洁的政治本色12个方面分别提出明确要求、作出具体规定。第三板块是结束语，主要讲加强组织领导和督促检查、高级干部带头示范，确保各项任务落到实处。

从《关于新形势下党内政治生活的若干准则》的规定来看，主题鲜明、内容丰富，思想性、指导性、操作性都很强，其中新提出的重大观点和重大举措就有160多条。总的来讲，《关于新形势下党内政治生活的若干准则》有以下几个特点：

一是在继承传统的基础上又有创新。它继承和发扬了党的优良传统和宝贵经验，贯彻党的十八大以来党中央提出的新理念新思想新战略，反映了党中央推进全面从严治党的新经验新举措，并结合新的实践提出新观点新举措，体现时代性、创新性。

二是突出了全面从严治党这个主题。进一步增强党自我净化、自我完善、自我革新、自我提高能力，明确新形势下加强和规范党内政治生活的方向、目标、原则、任务、举措，以严的要求、严的标准、严的措施推动全党增强全面从严治党意识、落实管党治党责任。

三是坚持以党章为根本依据。突出尊崇党章、贯彻党章、维护党章，着力把党章关于党内政治生活的要求具体化，把改革开放以来特别是近年来党中央出台的重要文件和党内法规中关于党内政治生活的有关规定和要求系统化，推动党内政治生活制度化、规范化、程序化。

四是坚持统筹协调，加强顶层设计和系统谋划，着力处理好新准则和老准则及其他党内法规的关系，做到既一脉相承又与时俱进。坚持必要性和可行性相统一，既从政治上对加强和规范党内政治生活提出原则性要求，又针对问题提出切实可行的措施和办法。

五是专门对高级干部提出了具有针对性的要求。在第一部分就强调，新形势下加强和规范党内政治生活，重点是各级领导机关和领导干部，关键是高级干部特别是中央委员会、中央政治局、中央政治局常务委员会的组成人员，高级干部特别是中央领导层组成人员必须以身作则，模范遵守党章党规，严守党的政治纪律和政治规矩，坚持不忘初心、继续前进，坚持率先垂范、以上率下，为全党全社会作出示范。还提出"党员、干部特别是高级干部在大是大非面前不能态度暧昧"，"全党特别是高级干部必须严格遵守党的政治纪律和政治规矩"，"领导干部特别是高级干部不能搞家长制"，并提出要制定高级干部贯彻落实本准则的实施意见，指导和督促高级干部在遵守和执行党内政治生活准则上作全党表率等规定。

3.严格执行《关于新形势下党内政治生活的若干准则》

《关于新形势下党内政治生活的若干准则》的颁布施行，是我们党的建设史上的一个重要里程碑，标志着全面从严治党掀开了崭新一页，对于全面提高党的建设科学化水平，更好地进行具有许多新的历史特点的伟大斗争，顺利实现党的执政使命和奋斗目标，必将产生重大而深远的影响。贯彻落实《关于新形势下党内政治生活的若干准则》，要做到：

一是坚定理想信念，增强党性修养。全体党员必须把对马克思主义的信仰、对社会主义和共产主义的信念作为毕生追求，在改造客观世界的同时不断改造主观世界。必须加强学习、增强党性修养，认真学习马克思列宁主义、毛泽东思想、邓小平理论、"三个代表"重要思想、科学发展观、习近平新时代中国特色社会主义思想，认真学习党章党规，不断提高马克思主义思想觉悟和理论水平，广泛学习经济、政治、文化、社会、生态文明及哲学、历史、法律、科技、国防、国际等各方面知识，不断增强本领。党员干部要增强党的意识、党员意识、宗旨意识，坚持真理、坚守正道、坚守原则、坚守规矩，做到以信念、人格、实干立身，更加坚定中国特色社会主义道路自信、理论自信、制度自信、文化自信。

二是严明党的政治纪律和政治规矩。党内政治生活和组织生活都要讲政治、讲原则、讲规矩。政党是从事政治活动的共同体，加强纪律建设是政党扩大影响力、保持兴盛不衰的必备武器。世界政党发展史表明，唯有纪律严明的政党才能保持活力和生机。纪律性一旦丧失，政党就会蜕变，生存发展必然出现危机。在综合国力迅速增强、生活条件快速改善的环境里，要持续保持党的兴盛状态，让所有党员保持优良传统，纪律性是非常重要的一环。讲规矩是对党员、干部党性的重要考验，是对党员干部对党忠诚度的重要检验。纪律性则是衡量党员党性纯度的"试剂"，理想信念强弱度、对党忠诚度、思想政治路线是否坚持、群众观念是否淡薄等党内政治生活状况必须通过纪律性这个重要的指标来显现。只有经常性地用纪律去衡量每个党员的言行，党的优良传统才会不断得到强化和传承，严肃认真的党内政治生活才会持续得到保障。要立规明矩，把纪律规矩立起来、严起来，使各项纪律规矩真正成为"带电的高压线"，防止出现"破窗效应"。要使全党各级组织和全体党员、干部都按照党内政治生活准则和党的各项规定办事。全党必须自觉维护党中央权威，并具体体现到自己的全部工作中去，决不能表面上喊着同党中央保持一致，实际上没当回事，更不能违背中央大政方针、各自为政、自行其是。各级党组织和广大党员、干部要强化政治意识、大局意识、核心意识、看齐意识，确保始终在思想上政治上行动上同党中央保持高度一致。

三是坚持和发扬党的优良传统。自觉坚持和发扬实事求是、理论联系实际、密切联系群众等优良传统。要坚持实事求是,着力克服形式主义和"假大空"等问题。要坚持理论联系实际,反对本本主义、教条主义,着力解决理论与实际脱节、知行不一等问题,自觉在重大问题上头脑清醒、立场鲜明。要坚持密切联系群众,反对形式主义、官僚主义、享乐主义和奢靡之风,克服漠视群众、唯我独尊、自我膨胀等问题,自觉实践党的宗旨,全心全意为人民服务。在传承和发扬党内政治生活优良传统的同时,立足新的实际,不断进行改进和创新,善于以新的经验指导新的实践,更好发挥党内政治生活功能作用,实现干部清正、政府清廉、政治清明,使我们党始终成为中国特色社会主义伟大事业的坚强领导核心。

四是组织开好民主生活会。定期召开高质量的民主生活会,是党内政治生活的重要内容。开好民主生活会,关键是要增强会议的思想性和原则性,敢于揭露矛盾、触及思想、解决问题。要广泛听取意见、深入谈心交心。党委(党组)可以采取"群众提、自己找、上级点、互相帮"的方法,查找存在的突出问题。要采取"面对面""背靠背"等多种方式认真听取群众意见。领导成员之间互相谈心,沟通情况,交换意见。党委(党组)或委托纪委(纪检组)、组织部、机关党组织征求党内外群众的意见和建议,并于会前转告出席人员,或在会上通报。要组织好学习,认真撰写发言提纲,深刻进行自我剖析。要拿起批评和自我批评的武器,增强民主生活会的思想性和原则性。要认真做好整改工作,对群众反映的突出问题和会上检查出来的主要问题,制定切实可行的整改措施,要明确具体,责任到人,狠抓落实。

五是党员领导干部要发挥带头作用。高级干部要清醒认识自己岗位对党和国家的特殊重要性,职位越高越要自觉按照党提出的标准严格要求自己,越要做到党性坚强、党纪严明,做到对党始终忠诚、永不叛党。全体党员、干部特别是高级干部必须增强党的意识,时刻牢记自己的第一身份是党员,任何党员都不能游离于党的组织之外,更不能凌驾于党的组织之上。要以上率下,从中央政治局常委会、中央政治局、中央委员会做起,从各地区各部门党委(党组)做起,从高级干部做起,对党绝对忠诚,模范遵守党章,严格按党的制度和规矩办事,夙兴夜寐为党和人民工作,任何时候都不搞特权,都不破坏党的制度和规矩。各级领导干部要带头执行中央八项规定,要坚持立党为公、执政为民,坚持公私分明、克己奉公,带头保持谦虚、谨慎、不骄、不躁的作风,保持艰苦奋斗的作风,带头执行廉洁自律准则,自觉同特权思想和特权现象作斗争,坚决抵制潜规则,做到拒腐蚀、永不沾。

六是坚决反对党内生活庸俗化倾向。不能把党组织等同于领导干部个人,对党尽忠不是对领导干部个人尽忠,党内不能搞人身依附关系。党内上下关系、人际关系、工作氛围都要突出团结和谐、纯洁健康、弘扬正气,不允许搞团团伙伙、帮帮派派,不允许搞利益集团、进行利益交换。要大力整治形式主义、官僚主义、享乐主义和奢靡之风,严肃查处党员、干部违纪违法问题,坚定不移惩治腐败,完善党内法规制度,全面净化党内政治生态。

七是严肃党内政治生活贵在经常、重在认真、要在细节。严肃党内政治生活是每个党员、干部的事,要在严格的党内生活锻炼中不断增强党性修养,增强角色意识和政治担当,坚持不懈强化宗旨意识。要使各种方式的党内生活都有实质性内容,都能有针对性地解决问题,坚决反对党内生活中的自由主义、好人主义。党员领导干部要率先垂范,做好表率。要使广大党员干部在党言党、在党忧党、在党为党,把爱党、忧党、兴党、护党落实到工作生活各个环节,敢于同形形色色违反党内政治生活原则和制度的现象作斗争,切实做到对党忠诚、为党分忧、为党担责、为党尽责。

(三)坚持和完善民主集中制

民主集中制是党的根本组织原则,是党内政治生活正常开展的制度保障。充分发扬民主，维护集中统一，是加强和改进党的作风建设的重要环节。因此，持之以恒正风肃纪，必须在全党特别是领导干部中进一步加强民主集中制教育，建立健全并严格执行民主集中制的具体制度，坚持和完善党内政治生活的各项准则，实行民主基础上的集中与集中指导下的民主相结合，努力造成又有集中又有民主，又有纪律又有自由，又有统一意志又有个人心情舒畅的生动活泼的政治局面。

1.民主集中制必须长期坚持

民主集中制是党的最大制度优势。在长期的实践过程中，民主集中制形成了一套比较成熟的基本原则：第一，党员个人服从党的组织，少数服从多数，下级组织服从上级组织，全党各个组织和全体党员服从党的全国代表大会和中央委员会。第二，党的各级领导机关，除它们派出的代表机关和在非党组织中的党组织外，都由选举产生。第三，党的最高领导机关是党的全国代表大会和它所产生的中央委员会，党的地方各级领导机关是党的地方各级代表大会和它们所产生的委员会，党的各级委员会向同级的代表大会负责并报告工作。第四，党的上级组织要经常听取下级组织和党员群众的意见，及时解决他们提出的问题；党的下级组织既要向上级组织请示和报告工作，又要独立负责地解决自己职责范围内的问题；上下级组织之间要互通情报、互相支持和互相监督；党的各级组织要使党员对党内事务有更多的了解和参与。第五，党的各级委员会实行集体领导和个人分工负责相结合的制度，凡属重大问题都要由党的委员会集体讨论作出决定；委员会成员要根据集体的决定和分工，切实履行自己的职责。第六，党禁止任何形式的个人崇拜，要保证党的领导人的活动处于党和人民的监督之下，同时维护一切代表党和人民利益的领导人的威信。由这些基本原则可以看出，民主集中制作为党的根本组织制度和领导制度，不仅正确规范了党内政治生活、处理党内关系的基本准则，而且反映、体现了全党和全国人民的利益与愿望，是保证党的路线方针政策正确制定和执行的科学的、合理的、有效率的制度。因此,民主集中制是党的最大制度优势,也是党团结一致、生动活泼、健康发展的基本制度保障。

民主集中制是改革开放取得巨大成绩的保证。改革开放40多年来,党和国家事业的蓬勃发展得益于民主集中制。在中国这样一个人口多、底子薄、内部发展不平衡的发展中国家,一方面,需要汲取历史上中华民族一盘散沙、国家四分五裂的教训,防止出现所谓完全自由的无政府主义状态;另一方面,正在进行的社会主义现代化建设,既要发挥后发优势又要防止各种风险,这些都需要高度的民主和高度的集中相结合,发扬民主,汲取全党和全体人民的智慧,集中各阶层的意见和诉求,形成全党全国的共识,以便在执行党的路线方针政策上实现步调一致。与总统制、两院制、三权分立制相比,中国的民主集中制更具有制度优越性,更适合中国的国情党情。民主集中制有利于防止出现群龙无首、一盘散沙的现象,防止出现选举时漫天许诺、选举后无人过问的现象,防止出现党争纷沓、相互倾轧的现象,切实防止出现民族隔阂、民族冲突的现象,切实防止出现人民形式上有权、实际上无权的现象,切实防止出现相互掣肘、内耗严重的现象。近年来西方许多国家出现的民主选举"游戏化"、民主运作"资本化"、民主决策"短视化"等问题,也从另一个侧面再次证明,民主集中制具有决策民主、决策共识、决策效率的优势。

2.民主集中制要不断完善

民主集中制是党的生命所在、活力所系,是党加强自身建设的有力武器,也是党最大的制度优势。要利用好这个武器和优势,就必须不断对它加以完善。以习近平同志为核心的党中央在协调推进全面建成小康社会、全面深化改革、全面推进依法治国、全面从严治党的过程中,始终把完善和落实民主集中制作为一个系统工程,放在治党管党的突出位置来抓。

党的十八届三中全会明确提出："完善党和国家领导体制，坚持民主集中制，充分发挥党的领导核心作用。规范各级党政主要领导干部职责权限，科学配置党政部门及内设机构权力和职能，明确职责定位和工作任务。"按照这个要求，近年来，党中央把民主集中制原则贯彻到党的建设制度改革之中，着力推动党内民主的机制化和程序化，以及集中过程的规范化和标准化等。2013年中共中央发布的《中央党内法规制定工作五年规划纲要（2013—2017年）》提出："抓紧建立健全民主集中制的具体制度，着力构建党内民主制度体系，切实推动民主集中制具体化、程序化，真正把民主集中制重大原则落到实处。"2014年中央政治局会议审议通过的《深化党的建设制度改革实施方案》再次阐述了民主集中制的具体化，提出党的组织制度改革重点是坚持和完善民主集中制、严格党内生活，进一步健全和完善党内民主制度体系，包括党内选举制度体系、民主决策制度体系、民主监督制度体系等。

2017年党的十九大报告站在中国特色社会主义进入新时代的历史方位，对新时代党的建设提出了总要求，进一步明确了全面从严治党、加强党的建设，要"完善和落实民主集中制的各项制度，坚持民主基础上的集中和集中指导下的民主相结合，既充分发扬民主，又善于集中统一"。因此，新时代加强党的建设，应在党的二十大精神的指引下，不断完善民主集中制，更好地发挥其制度优势。

3.坚决贯彻民主集中制

发挥民主集中制的优势，最根本的还在于严格执行。当前，党内政治生活中出现不正常、不规范、不健康的问题，与民主集中制执行不到位有很大关系。为纠正民主集中制执行不力的问题，党的十八大以来，党中央采取了一系列有针对性的严格措施，不断提高党员干部的思想认识，逐步健全相关制度规范。具体来说，包括三个方面：

一是抓住党员领导干部这个"关键少数"，推动民主集中制的贯彻执行。

在新的历史条件下,党面临许多新情况新问题新挑战,落实党要管党、全面从严治党的任务比以往任何时候都更为繁重、更为紧迫。要想从容迎接挑战,就要从多个方面、多个层次上把民主集中制原则贯彻好落实好,最主要的就是抓住"关键少数"。习近平总书记明确要求党的高级干部要自觉做坚持民主集中制的表率,强调"民主集中制是激发党的创造力、保持党的团结统一的根本保证。民主集中制贯彻得怎么样,关键看高级干部做得怎么样"。针对党内存在的少数负责同志个人说了算的问题,党中央提出必须加强对"一把手"的监督,确保主要领导干部认真执行民主集中制,切实做到位高不擅权、权重不谋私。同时,党中央从提高领导干部解决矛盾和问题能力的角度,提出必须健全和认真落实民主集中制的各项具体制度,促使全党同志按照民主集中制办事,促使各级领导干部特别是主要领导干部带头执行民主集中制。

二是把经常性教育和考核评估方法作为贯彻执行民主集中制的重要途径。坚持贯彻执行民主集中制,必须加强民主集中制教育,加强民主集中制贯彻执行情况的经常分析和考核评估,加大民主集中制执行力度,对贯彻执行不力、发生重大偏差和失误的班子和个人追究责任。这实际上就是要求各级党组织通过教育培训和经常性的考核评估,不断发现总结好的经验做法,以及检查执行过程中存在的各种问题,以便找到贯彻执行民主集中制更好更有效的方式方法,建立一种用来衡量执行民主集中制好坏的客观标准。这一客观标准的确立,可以用来检验哪些行为是偏离了民主集中制,哪些行为是失误问题,并可以用来对民主集中制贯彻执行情况进行分析考核评估。

三是把严格落实请示报告制度作为贯彻执行民主集中制的突破口。请示报告制度是党的政治纪律的要求,也是民主集中制原则的内在要求。习近平总书记指出:"民主集中制、党内组织生活制度等党的组织制度都非常重要,必须严格执行。各级领导班子和领导干部都要严格执行请示报告制度。"这个道理很简单,如果党的政治纪律成了摆设,不用请示报告,就会形成"破窗效应",使党的章程、原则、制度、部署丧失严肃性和权威性,党就会沦为各取所需、自行其是的"私人俱乐部",就会造成想来就来、想走就走、想说什么就说什么、想干什么就干什么的局面。没有严格的请示报告制度,有的干部则会目无组织、目无党纪,干了什么、人跑到哪里去了,组织上都不知道。

贯彻民主集中制,要健全和认真落实民主集中制的各项具体制度,促使全党同志按照民主集中制办事,促使各级领导干部特别是主要领导干部带头执行民主集中制。要围绕坚持党的政治路线、思想路线、组织路线、群众路线,坚持和完善民主集中制、严格党的组织生活等重点内容,集中解决好突出问题。党内组织和组织、组织和个人、同志和同志、集体领导和个人分工负责等重要关系都要按照民主集中制原则来设定和处理,不能缺位错位、本末倒置。要激浊扬清,坚持激浊和扬清两手抓,让党内正能量充沛,让歪风邪气无所遁形,铲除腐败这个最致命的"污染源",深入推进作风建设,坚持正确用人导向,真正让那些忠诚、干净、担当的干部得到褒奖和重用,让那些阳奉阴违、阿谀逢迎、弄虚作假、不干实事、会跑会要的干部没市场、受惩戒,倡导清清爽爽的同志关系,规规矩矩的上下级关系。

(四)严肃认真开展批评和自我批评

批评和自我批评是我们党强身治病、保持肌体健康的锐利武器,也是加强和规范党内政治生活的重要手段。批评是指对组织或他人的缺点、错误提出意见,自我批评是指组织或个人对自己的缺点、错误进行的自我揭露和自我反思。批评和自我批评是中国共产党的三大优良传统之一,是党内民主的重要组成部分,是党的建设的重要法宝,正确运用批评和自我批评可以有效解决党内矛盾,加强党内监督,修正党内错误,巩固党的团结,使党充满生机和活力。

1.批评和自我批评是党的建设重要法宝

批评和自我批评是以毛泽东同志为代表的中国共产党人,在马列主义关于无产阶级政党理论基础上,总结中国共产党在革命建设中的实践经验的基础上形成和发展起来的。在一些重大历史关头,党总是敢于拿起这一武器,排除各种错误思想的影响,保持正确的前进方向,凝聚起强大的奋进力量。延安整风是运用批评和自我批评武器的成功典范,通过严肃的批评和自我批评,坚持"惩前毖后、治病救人"的方针,达到了既统一思想,又团结同志的目的。党的七大明确把批评和自我批评确立为党内生活的一个基本方法,确立为党员干部必须遵循的一个行为准则。此后,批评和自我批评成为党内自我教育的一种基本方法。

批评和自我批评是共产党人防身治病的有力武器,是增强自我净化、自我完善、自我革新、自我提高能力的基础性制度保证。今天,我们党正面临着执政、改革开放、市场经济和外部环境的考验,面临着精神懈怠、能力不足、脱离群众、消极腐败的危险,打铁必须自身硬,迎接考验、战胜危险需要这一有力武器。批评和自我批评有助于清除党内政治灰尘和政治微生物,有助于解决好党内出现的矛盾。当苗头性、倾向性问题出现时,"拉拉袖""咬咬耳朵"提个醒,问题就可能止于萌芽;当问题变得严重时,大喝一声、猛击一掌,就可能收到悬崖勒马之效。小问题没提醒,大问题无批评,小病就会拖成大病,大病拖成不治之症。表面不批评、背后乱嘀咕,矛盾不但难以解决,还会累积激化;和谐不但难以取得,还会消解团结奋进的锐气、丧失求实创新的勇气。

批评和自我批评是发扬党内民主、增进党的团结的有力武器。党内民主是党的生命。营造党内民主平等的同志关系、民主讨论的政治氛围、民主监督的制度环境,离不开积极健康的批评和自我批评。认真开展批评和自我批评，让不同的意见相互碰撞、相互交锋，有利于从原则上分清是非、从思想深处形成共识，从而形成同心同德推进事业发展的强大力量。放弃批评和自我批评，无论是"一言堂""家长制"，还是"你好我好大家好"一团和气，都不是真正的民主，也不是真正的团结，而是缺乏党性原则的表现，最终只会让我们消解奋进的锐气、丧失创新的勇气。

批评和自我批评是践行党的宗旨、密切联系群众的有力武器。毛泽东在《为人民服务》一文中提道："因为我们是为人民服务的，所以，我们如果有缺点，就不怕别人批评指正。不管是什么人，谁向我们指出都行。只要你说得对，我们就改正。"为了人民的根本利益坚持好的、改正错的，正是我们党坚持批评和自我批评的真谛所在。只有虚心听取群众的批评意见，才能更好地根据群众的愿望来制定方针政策，也才能更好地接受群众监督、明察为政得失，对照群众意见来改进各项工作。有没有批评和自我批评的精神，是对党员干部群众立场、群众感情的重要检验。

2.用好批评和自我批评这个"武器"

批评和自我批评是全面从严治党、加强党的建设的有力武器。但是，一段时期以来，批评和自我批评这一"武器"却没有发挥应有作用。在一些党组织和党员干部中，开展自我批评难，开展相互批评更难。究其根源，就在于一些党员党性原则不强，为私心所扰、为人情所困、为关系所累、为利益所惑。在有些人眼里，自我保护最重要，自我批评不仅不会得到好评，还可能让别人抓住辫子，还是"逢人且说三分话，未可全抛一片心"为好；批评别人等于结怨树敌，不仅会丢选票、失人缘，还可能引火烧身，甚至遭到打击报复，还是"各人自扫门前雪，莫管他人瓦上霜"为好。

对于这一现象，2014年1月20日，习近平总书记在党的群众路线教育实践活动第一批总结暨第二批部署会议上的讲话时强调："批评和自我批评是清除党内政治灰尘和政治微生物的有力武器，必须以整风精神严格党内生活,着力提高领导班子发现和解决自身问题的能力……要把批评和自我批评作为防身治病的有力武器,通过积极健康的思想斗争,不断洗涤每个党员、干部的思想和灵魂。"①全面从严治党、依规治党,高度重视批评和自我批评在严格党内生活、加强作风建设中的作用,要求全体党员要大胆使用、经常使用批评和自我批评这个武器,敢于揭短亮丑、真刀真枪、见筋见骨,不断清除党内各种政治灰尘和作风弊端。

批评和自我批评要大胆用、经常用。党内要开展积极健康的思想斗争,帮助广大党员、干部分清是非、辨别真假,坚持真理、修正错误,统一意志、增进团结。党内政治生活的质量在相当程度上取决于批评和自我批评这个武器用得怎么样。对这个武器,我们要大胆使用、经常使用、用够用好,使之成为一种习惯、一种自觉、一种责任,使这个武器越用越灵、越用越有效果。

首先,每个同志开展自我批评都要严以律己,襟怀坦白,联系自己的思想、工作实际和廉洁自律情况,认真对照检查,防止只谈工作不谈思想、只讲成绩不讲问题、只讲集体不讲个人的现象。要正视自己的缺点、不足或错误,说老实话,反映真实情况,暴露真实思想。对群众意见较多的问题,特别是廉洁自律方面的问题,更不能回避,必须如实说明,自查自纠。针对存在的问题,分析原因,吸取教训,提出改进措施。不能就事论事,不能避重就轻,不能文过饰非。

其次,相互批评要打破情面,讲党性、讲原则,不能迁就照顾。要克服好人主义和"事不关己,高高挂起;明知不对,少说为佳"的自由主义态度。做到坦诚相见,"知无不言,言无不尽"。被批评的同志要欢迎别人批评,虚心听取各种意见,"有则改之、无则加勉"。不能压制批评,不能打击报复批评者。相互批评要紧紧抓住贯彻执行党的基本路线和事关全局的重大问题,

---

① 《习近平:让批评和自我批评成为每个党员、干部的必修课》,中国共产党新闻网,2017年1月10日。

从团结的愿望出发,坚持实事求是,以理服人,不闹无原则纠纷。

最后,领导班子成员之间要交心谈心,经常交换意见,沟通思想,消除隔阂和误会。通过批评和自我批评,化解矛盾,增进团结。开展批评和自我批评需要无私的勇气、正确的态度和科学的方法。

要坚持出于公心、树立无私无畏的勇气,对自己、对他人的缺点和错误,该反省的要反省,该批评的要批评,该得罪人时要敢于得罪人;要坚持实事求是、使批评经得起检验,坚持用事实说话,具体问题具体分析,是什么问题就讲什么问题,不夸大也不缩小,不纠缠细枝末节也不放过原则问题,不能颠倒黑白、混淆是非,更不能抓辫子、扣帽子、打棍子;要坚持与人为善、真心诚意地帮助同志共同提高,从团结的愿望出发,坚持“惩前毖后,治病救人”的方针,真正达到帮助同志、增进团结、促进工作的效果。

三、违反党的组织纪律的表现

组织纪律和组织规矩是处理各级党组织之间及党组织和党员之间关系的行为规范,是维护党的团结统一的重要保证,也是党履行使命的需要。改革开放40多年来,我们党作为中国特色社会主义事业的领导核心,党内遵守组织纪律的情况总体上是好的,党内组织严密、纪律严明、步调一致、力量强大是世界上其他政党不可比拟的。但是随着传统计划经济的资源配置方式、组织管理模式等方面的变化,党的建设既注入了新的生机和活力,也遇到了前所未有的新挑战。当前,党内遵守组织纪律和组织规矩的情况总体上是好的。但是,一些地方和部门组织观念薄弱、组织涣散、纪律松弛的问题也很突出,有的还比较严重。

(一)贯彻民主集中制不力

贯彻民主集中制不力,以个人意志代替集体决策。有的党员干部特别

131

是一把手独断专行，存在特权思想和霸道作风，目无组织纪律，跟组织讨价还价，不服从组织安排和决定，把自己凌驾于组织之上，热衷于搞家长制、"一言堂"、独断专行，老子天下第一，甚至把主政的单位和地方当成自己的"独立王国"，用干部、做决策不按规定向上级报告，搞小山头、小团伙、小圈子。有的该请示的不请示，该汇报的不汇报，有事瞒着组织，搞"先斩后奏""边斩边奏"，甚至"斩而不奏"；有的集中不够，班子成员各自为政，互不买账、互不服气，内耗严重；有的跑风漏气，将组织的内部决定和考虑向相关人员通风报信，说情、打招呼、拉票、助选，干预人事安排，插手案件查办。

第一，违反民主集中制议事规则。科学的议事规则是产生科学决策的首要前提，通过规则的规范化和确定性来取代个人的主观随意性。党章明确规定：党的各级委员会实行集体领导和个人分工负责相结合的制度。凡属重大问题都要按照集体领导、民主集中、个别酝酿、会议决定的原则，由党的委员会集体讨论，作出决定。个人或者少数人决定重大问题，是明显的越权行为，企图以个人或者少数人代行领导集体的权力，决策过程和结论不具有合法性。同时该种行为带有有失全面、有失严谨的弊端，甚至需要更多的人力、财力投入来应对因决策不善导致的决策执行过程中的突发情况。

第二，下级组织不服从上级组织。在党内，上级组织对下级组织具有领导和督查的职权，下级组织对上级组织负有服从的义务，这是由党内不同层级组织的分工所决定的。在现实生活中，某些组织拒不执行或擅自改变上级组织的决定，暗地里搞"上有政策、下有对策"，或者对上级组织的决定进行层层"截留"，只选择性地执行对本级组织有利的部分，这是典型的部门主义和地方保护主义思想，容易产生利益集团并导致体制僵化。同时，下级组织在工作上的不配合进一步疏远了上级组织与群众间的联系，在某种程度上"架空"了上级组织，并反过来使上级组织的决策无法反映群众的真实诉求，造成其工作的"不接地气"。

第三，个人不服从组织。我们必须用马克思主义的辩证法来理解党组织和党员个人的关系：个人是组成党组织的细胞、党组织是党员个人的集合体，个人的理想信念通过组织的努力变成现实、组织的决定通过个人的工作付诸实践。个人加入中国共产党必须自觉遵守组织规则，坚守组织纪律，这是便于组织对个人进行教育和管理的必要条件。此外，党员个人是党组织和群众之间的桥梁和纽带，党员将群众的意见和建议及时向党组织反映，党组织经过分析论证和民主表决等环节将群众诉求转化为相应政策，并通过党员个人向群众传达和解释，增进群众与党组织间的感情。

有的党员干部组织观念淡薄，在个人重大事项上不向组织打招呼，遇事不请示不报告，对中央出台的制度规定合意的就执行，不合意的就不执行，阳奉阴违，我行我素。有的党员干部个人主义思想严重，强调享有党内权利多，承担党员义务少，不服从组织安排、讨价还价，甚至肆意破坏选人用人、换届选举等纪律。此外，有的党员干部不正常参加组织生活，不按期交纳党费，失去组织管理。有的党员干部想说什么就说什么，想干什么就干什么，口无遮拦，毫无顾忌等。

（二）对党组织隐瞒重要情况或弄虚作假

中国共产党的最高理想和最终目标是实现共产主义，这个目标是崇高而纯粹的，只有内心纯洁、对党抱有一颗赤诚之心的人才有资格为了这个目标奋斗终身。入党誓词是党员为理想不懈努力的动员令，是党员披荆斩棘、砥砺前行的宣言书，是党员追梦路上的精神食粮，它时刻鞭策着党员不畏艰辛，对党毫无保留，随时准备为党的共产主义事业牺牲一切。对党隐瞒，不如实向党说明自身情况，都是对党不忠诚的表现。作为社会主义事业的建设者，党员和领导干部必须全心全意地把自己交给党、交给人民，交给中国特色社会主义伟大事业。

第一，不如实向组织报告说明问题。为保证组织工作的规范化、有序化，组织有必要了解党员的思想动态、工作情况和日常活动，这也体现了组织对党员的关心和爱护。不如实向组织报告说明问题包括两个方面：其一，不按照有关规定和工作要求向组织请示报告重大问题、重要事项。重大问题通常是重大发展机遇或重大灾难隐患的先兆，不及时发现并向组织反映，则不能使组织在变化来临之前做好充足准备，做到未雨绸缪、有备无患。其二，在组织进行谈话、函询时，不如实向组织说明问题。组织通过主动与党员沟通来了解党员个人情况及其所负责的工作领域的情况时，党员应该做到知无不言、言无不尽，若不如实向组织说明问题则导致组织对情况掌握的失真，影响组织下一步的工作安排。

第二，篡改、伪造个人档案资料。部分党员尤其是党员领导干部由于享有群众赋予的权力而渐渐形成了权力为其私有的错误观念和紧握权力不肯放手的权力依赖症，进而谋求走篡改、伪造个人档案的"捷径"，通过修改自身年龄和工作经历等骗取组织和群众的信任，以求捞取更多的"好处"。档案是党员个人学习、工作过程的详细记录，对档案进行篡改和伪造的后果异常严重：证明该党员在人格上的缺陷，发生了严重的思想道德滑坡；群众不会放心地把权力交给不诚实的人，如果任由其发展则可能引发执政危机，这绝不是危言耸听；通过隐瞒自己的真实年龄而长期霸占党内职位，阻碍了人才的流动，尤其是组织内的新老交替，有损于组织的活力。

第三，骗取职务、待遇、荣誉或者其他利益。职务和职权通常被作为利益的代名词，更高的职务和职权一般对应着更好的薪资待遇，为此部分党员利用职务和职权上的影响为自己和他人谋取利益，尤其是在职工录用、干部提拔和安置复转军人等对于党员个人发展具有转折意味的节点时。为了规范党员队伍和军队的管理，党和国家为此制定了相应的干部、人事、劳动制度，力争实现人尽其才。同时制定了科学的薪酬分配制度，使底子好、能力强的人能够通过合法劳动获得与其贡献相匹配的待遇。但是不可否认,部分党员在贪婪之心的支配下萌生了骗取更多利益的念头,违背党的原则而隐瞒、歪曲事实真相,从而在职级、资格、荣誉等面前迷失了自己。

第四,在发展党员问题上弄虚作假。党的各项任务的完成主要依赖于负责具体执行的党员,可以说,党员素质的高低关乎党组织的工作效能,进而影响全党战略布局的展开和实现。将社会各方面的优秀人才吸收到党内,为党组织注入新鲜血液,是党保持持久活力、焕发强大生命力的重要保证。违反程序发展党员或把不符合党员条件的人发展为党员,使得发展对象在入党之前没有经过严格的资格审查,不具备接受党和国家建设考验的能力和毅力,而意志不坚定是党组织攻坚克难的头等大敌。更有甚者,容易使抱有其他政治目的的人混进党内,容易在关键时刻阻滞党的战斗力的正常发挥;为非党员出具党员身份证明则会对党组织的荣誉和尊严造成威胁。群众经过神圣而庄严的入党仪式光荣地加入中国共产党,是通过组织考核的证明,为非党员开具党员证明则是对真正党员所进行的奋斗的轻视,如果该非党员人士品行不端,势必败坏党的形象,玷污党的声誉。

(三)侵犯党员权利

党员权利是党员身份的重要标识,与党员义务相对应。享有权利是党员履行全心全意为人民服务的宗旨的重要保证,是党员工作获得群众支持与认可及获取必要帮助和福利的前提。同时,党员权利体现了党组织内部的同质化倾向,是党员获得组织归属感的重要来源,更是反映了党员地位一律平等的内在要义。当前,由于监督体系不完善和部分党员尤其是党员领导干部思想和作风发生错位,使得侵犯党员权利的事件时有发生,严重践踏了党的组织纪律。必须严格对党员的管理,提高党员的权利意识和维权意识,强化党员的主人翁地位,为党员权利的行使提供必要的保护机制,从而解除党员的后顾之忧，确保党员以饱满的精神状态投入到新的伟大战斗中。

第一，诬告陷害他人意在使他人受纪律追究。党员之间要保持互相信任、互相帮助，以不是兄弟胜似兄弟的情谊团结奋斗，为了党组织的发展壮大和人民的幸福安康精诚合作。党组织内部同样存在着竞争，但这种竞争是为了在更好地完成任务的基础上实现党员和组织的发展更上一个台阶，或者说是在竞争中求合作，在合作中实现共赢。有的党员私心杂念过多，把党员间的和平竞争当成了生死搏斗，甚至不惜采用违纪违法手段陷害他人，以图"扫除"自己前进道路上的"障碍"，完全背离了党内团结的原则。对这类事件必须严肃处理，违反法律的还要追究其法律责任。

第二，侵犯党员的表决权、选举权和被选举权。表决权、选举权和被选举权是党员在组织生活中最基本的权利，是党员其他权利得以实现的基础和保障。党员通过行使表决权参与决定党内组织人事的安排和党内事务的决议，是党员主体地位的权威体现；选举权和被选举权是党员对党组织的组织架构和人员组成进行选择及自己被选为组成人员的权利，选举权和被选举权不受干预的行使确保了党员熟悉和认为可靠的人进入领导层，是其合法性的根本来源。某些党员尤其是党员领导干部在不正确的权力观的支配下，通过强迫、威胁、欺骗、拉拢等手段妨害党员自主行使上述权利，是明显的别有用心，必须不折不扣地执行《中国共产党纪律处分条例》规定，狠刹住这类不正之风。

第三，阻挠、压制党员的检举、辩护、申诉等。党员有权对违法乱纪的党组织和党员进行检举、有权在面临组织处分或鉴定时由自己或他人进行辩护、有权向党的上级组织直至中央提出申诉并要求有关组织给以负责的答复。党的任何组织和个人都不得阻挠、压制党员上述权利的行使。党员必须正视自身存在的问题，虚心接受党组织和党员的批评教育，不能刻意逃避，企图蒙混过关；对待他人在工作和生活中暴露出的不足之处，要以真心帮助其改正的态度仗义执言。阻碍党员的检举、辩护、申诉等使得问题得不到发现和解决,是严重的违纪行为。

(四)从事非组织活动

为了保证组织运行的平稳,党制定了一套完整的用于规范组织活动的原则和制度,广大党员在原则和制度的范围内进行选举、管理、监督等各项活动。当前某些党员藐视党组织尊严,运用各种非正当方式从事非组织活动,在党组织内部拉关系、组建小团体、违反纪律拉票等,败坏了组织风气,破坏了组织内部的公平和民主。非组织活动的存在容易引起组织的分化,在组织内产生各色派别,进而导致党员间的分裂,对组织的系统性带来挑战。同时,非组织活动一般集中发生于破坏选举和民主评议的公正性,目的在于获取党内权力及权力衍生品等,增强自身的政治资本。

第一,违反组织原则搞拉票、助选等活动。民主推荐、民主测评、组织考察和党内选举的首要目的是对党员的整体情况作出合理评价,进而根据工作需要为党员安排适合他的岗位,避免德不配位。同时对考核不过关的党员进行教育引导,情节严重者则必须追究其相应的责任,为其他党员树立反面典型。违反相关规定拉票和在法律规定的投票、选举活动中违背组织原则组织、怂恿、诱使他人投票,使得被投票人难以体现党员的真实意图,这也造成了其在今后工作中势必要承担党员基础薄弱的风险。更为重要的是,大规模的拉票和助选使得那些不善于宣传自我的人才难以在组织考察中被发现,造成了人才的埋没和党组织人才资源的损失。另外,通过这种非组织方式获得选票会导致被投票人骗取党组织的信任,使其缺点不能被很好地发现,从而将党组织置于隐性的危险之中。

第二,违反干部选拔任用规定。党组织通过科学的选拔任用机制来发掘党内德才兼备的优秀人才,坚持五湖四海、任人唯贤,按照"革命化、年轻化、知识化、专业化"的要求加快建设干部人才队伍,确保中国特色社会主义事业得到更好的继承和发展。与党的干部选拔任用规定针锋相对的是任人唯亲和权钱交易、买官卖官。任人唯亲的直接后果是导致"家族政治"的出现,权力垄断在某一家族手中,沦为该家族的私有物品,为其私人利益所绑架,广大党员群众失去了表达利益诉求和监督权力的机会,使权力严重丧失了其为人民服务的本质属性。买官卖官则使得大量缺乏政治能力的平庸之人涌入党和政府的领导行列,严重降低了党和政府的工作水平,不利于本单位工作的专业化建设,同时引起下属工作人员的不满和抱怨。另外,买官卖官是对领导作风的致命损伤,且极易引发恶性循环,使得权钱交易日益猖獗。

第三,一些党员干部缺乏爱国主义精神和民族自豪感,盲目向往西方国家生活,借机以出国公干为由,行脱离组织、背叛党和国家之实,有些人还成为西方国家窃取我们党和国家情报的工具。

以上这些形形色色的自由主义、分散主义、个人主义问题已经成为党的一大隐患。这些不良现象,严重削弱党在群众中的威信,弱化党组织的凝聚力和战斗力,易于滋生和纵容腐败的发生和蔓延。如不认真解决,任其发展蔓延,党的团结统一就会遭到破坏,党的执政根基就会发生动摇。

四、必须贯彻落实"四个切实"

习近平总书记在第十八届中央纪律检查委员会第三次全体会议上提出,严明党的组织纪律必须贯彻落实"四个切实",即"切实增强党性""切实遵守组织制度""切实加强组织管理""切实执行组织纪律"。

一是切实增强党性。组织纪律性是党性修养的重要内容。守不守纪律,讲不讲规矩,是党性和对党忠诚度的"试金石"。党性说到底是立场问题。共产党员必须在增强党性上下功夫,强化党的意识,始终把党放在心中最高位置，真正做到心中有党，时刻想到自己是党的人，是组织的一员，牢记自己的第一身份是共产党员，第一职责是为党工作，在党爱党、在党为党、在党忧党。正如习近平总书记所强调的："共产党人无论是想问题、搞研究，还是作决策、办事情，都必须站在党和人民立场上，而不能把个人利益放在第一位。这就是共产党人的党性原则。"①

二是切实遵守组织制度。首先，要落实好民主集中制，着力解决发扬民主不够、正确集中不够的问题。民主集中制是党的根本组织制度和领导制度，是我们党最大的制度优势。党章规定的"四个服从"，既是党最基本的组织原则，也是最基本的组织纪律。要严格落实以民主集中制为核心的党内组织生活制度，坚持党员个人服从党的组织、少数服从多数、下级组织服从上级组织、全党各个组织和全体党员服从党的全国代表大会和中央委员会。要健全和认真落实民主集中制的各项具体制度，促使全党同志按照民主集中制办事，促使各级领导干部特别是主要领导干部带头执行民主集中制。其次，要落实好请示报告制度，着力解决组织观念不强和程序观念不强的问题。"请示报告制度是我们党的一项重要制度，是执行党的民主集中制的有效工作机制，也是组织纪律的一个重要方面。一九四八年九月，党中央在西柏坡召开政治局扩大会议，会议的一个重要议题是强调要建立请示报告制度。正是这项制度的建立和执行，有力推进了党的作风和纪律建设，保证了政令军令畅通，为解放战争胜利提供了重要保障。我们这么大的党、这么多党组织和党员，如果都各行其是、自作主张，想干什么就干什么，想不干什么就不干什么，那是要散掉的。""作为干部特别是领导干部，在涉及重大问题、重要事项时按规定向组织请示报告，这是必须遵守的规矩，也是检验一名干部合格不合格的试金石。连这一点都做不到，还是一个合格的领导干部

---

① 中共中央纪律检查委员会、中共中央文献研究室编：《习近平关于严明党的纪律和规矩论述摘编》，中央文献出版社、中国方正出版社，2016年，第38~39页。

吗?"①因此,落实请示报告制度,领导干部一定要有组织观念、程序观念,该请示的必须请示,该报告的必须报告。其中,领导干部个人事项报告制度是请示报告制度的一个重要组成部分。

三是切实加强组织管理。作为党组织,要按照党章规定,严格党内生活,既要抓规定的健全完善,更要在制度的执行落实上给力用功。按照《党政领导干部选拔任用工作条例》的要求,坚持源头严防、过程严管、结果严惩,切实解决干部管理失之于宽、失之于松的问题。坚决反对任人唯亲,拉帮结派,搞小团体、小圈子。在党内,所有党员都是平等的,都应该平等享有一切应该享有的权利、履行一切应该履行的义务。任何人不得把党的干部当作私有财产,不得把上下级关系变成人身依附关系,不得违反组织纪律和制度指使干部做事,不得把商品交换的原则引入党内生活。

四是切实执行组织纪律。组织纪律是党的各项纪律得以执行的重要基础,因此广大党员必须严肃执行并带头遵守党的组织纪律。坚持纪律面前人人平等、遵守纪律没有特权,党内没有特殊党员。坚持遵守纪律无条件,执行纪律无"禁区"。坚持以"零容忍"的态度对待违反组织纪律的行为,做到有纪必执、违纪必查。形象地讲,就是要使组织纪律成为带电的"高压线",通过铁面执纪有效解决组织纪律松弛的问题。

---

① 中共中央纪律检查委员会、中共中央文献研究室编:《习近平关于严明党的纪律和规矩论述摘编》,中央文献出版社、中国方正出版社,2016年,第41页。

参考阅读

严明党的组织纪律　增强组织纪律性

——关于《中国共产党纪律处分条例》组织纪律修订的重点内容

组织纪律是规范和处理党的各级组织之间、党组织和党员之间以及党员与党员之间关系的行为规则，是维护党的集中统一、保持党的战斗力的基本条件，其本质要求是坚持民主集中制，贯彻落实新时代党的组织路线。习近平总书记指出，党的力量来自组织，组织能使力量倍增，强调"要好好抓一抓组织纪律，加强全党的组织纪律性"。新修订的《中国共产党纪律处分条例》（本书简称《条例》）第七章"对违反组织纪律行为的处分"，着眼于贯彻新时代党的组织路线，紧紧围绕落实新时代好干部标准、增强党员组织观念、保障人才评价机制落实等方面，不断严明党的组织纪律。

一是推动落实能上能下的选人用人机制，保护党员、干部积极性、主动性、创造性。习近平总书记强调，着力解决一些干部不作为、乱作为等问题，推动干部能上能下，让那些想干事、肯干事、能干成事的干部有更好用武之地，激发全党坚定信心、鼓足干劲、增强创造活力。党的二十大对"推动干部能上能下、能进能出"作出部署、提出要求。中共中央办公厅2022年9月印发《推进领导干部能上能下规定》，聚焦对不适宜担任现职的领导干部进行组织调整作出系统规范。能否克服"好人主义"，是推进能上能下工作的关键。《条例》新增第八十五条，规定在推进领导干部能上能下工作中，搞好人主义，以党纪政务处分规避组织调整，以组织调整代替党纪政务处分，或者有其他避重就轻作出处理的行为，情节较重的，给予相应处分。《条例》充实上述惩戒规定，就是要以严明纪律保障推进领导干部能上能下工作要求落到实处，促进形成能者上、优者奖、庸者下、劣者汰的良好局面。

二是推动增强党员组织观念，促进不断强化党员意识。《条例》着眼引导党员强化组织原则、组织观念，在第九十一条对党员虽经批准因私出国(境)但存在超出批准范围的行为作出处分规定。按照有关规定因私出国(境)需经组织批准的党员，经批准后出现了需要改变路线、期限等超出批准范围的新情况新变化，应及时向组织报告情况。如果未向组织报告而擅自改变行程，就是违反组织纪律的行为，情节较重的应当给予处分。负有报告义务的党员、干部要切实增强组织观念，充分认识到这不是纯粹的个人私事，而是涉及对组织批准事项的调整和变更，该报告的必须履行报告义务。同时，《条例》第八十条新增规定，在党组织纪律审查中，依法依规负有作证义务的党员拒绝作证或者故意提供虚假情况，情节较重的，给予相应处分。作为证人的党员，虽不是案件的当事人，但因为知道案件相关情况，在组织向本人了解有关情况时，应当本着对党内同志、党组织和党的事业高度负责的态度，客观如实反映情况，严肃认真履行作证义务，切实维护纪律审查工作的权威性和严肃性。

三是推动服务人才强国战略，促进保障人才评价机制落实。习近平总书记指出，实现高水平科技自立自强，归根结底要靠高水平创新人才，强调"加快建立以创新价值、能力、贡献为导向的科技人才评价体系""积极营造尊重人才、求贤若渴的社会环境，公正平等、竞争择优的制度环境"。中共中央办公厅、国务院办公厅2018年2月印发的《关于分类推进人才评价机制改革的指导意见》明确，要"从严治理弄虚作假和学术不端行为"。《条例》针对授予学术称号工作中的说情打招呼、搞"圈子评审"、利益交换等突出问题，在第八十六条第一款增写对在授予学术称号中违规谋利、弄虚作假行为的处分规定，促进形成公平公正公开的评选环境，为推动营造识才爱才敬才用才的良好氛围提供纪律保障。

维护组织纪律是增强党的凝聚力和战斗力、领导力和执行力的重要保证。党员、干部要切实增强组织观念、强化组织意识，时刻不忘党员应尽的义务和责任，相信组织、依靠组织、服从组织，自觉接受组织安排和纪律约束。

（来源：《人民日报》，2024年06月18日第7版，作者：中央纪委国家监委法规室）

第六章

创新党内法规制度，把各项纪律和规矩立起来

依规治党，首先是把纪律和规矩立起来、严起来，执行起来。要把党的纪律和规矩挺在前面，用纪律和规矩管住大多数，使所有党员干部严格执行党规党纪、模范遵守法律法规。

党的性质、宗旨都决定了纪严于法、纪在法前。

——2015年6月11日，习近平总书记在中央政治局常委会会议审议巡视工作条例修订稿时的讲话

一、创新党内法规制度的重大意义

"党内法规"是个历史形成的、约定俗成的概念,指的是规范党组织的工作、活动和党员行为的党内规章制度。根据《中国共产党党内法规制定条例》第二条的规定,党内法规是党的中央组织以及中央纪律检查委员会、中央各部门和省、自治区、直辖市党委制定的规范党组织的工作、活动和党员行为的党内规章制度的总称。

中央历来高度重视党内法规建设。新中国成立特别是改革开放以来,我们党制定颁布了一批重要党内法规,为管党治党、执政治国提供了重要制度保障。但是现有党内法规制度中存在立法没有整体规划,缺乏顶层设计,党内法规存在"碎片化"现象:许多领域或是缺少必要的基础主干性的法规,或是缺少配套性法规,或是实践亟须的党内法规尚未出台,或是某些法规存在着重复甚至冲突的情形,明显滞后于实践的发展和形势任务的需要。中央社会主义学院教授甄小英将其概括为"碎片化、空洞化、老化、形式化和神秘化"[①]。党内法规制度中存在的这些问题,有损党内法规制度的严肃性和权威性,有碍党内法规制度的贯彻执行,也不利于党内法规制度建设的顺利推进。制定和修订党内法规的任务迫在眉睫。

党的十八大以来,习近平总书记多次强调,要加强党内法规制度建设,

---

① 盛若蔚:《立体式全方位扎紧制度的笼子——透视中央党内法规制定工作首个五年规划纲要》,《人民日报》,2013年11月28日,第11版。

立体式、全方位推进制度体系建设，把权力关进制度的笼子。2015年1月13日，他在第十八届中央纪律检查委员会第五次全体会议上指出："前车之覆，后车之鉴。忏悔录看了不能白看，要警醒起来，引以为戒，敬畏誓言、敬畏组织、敬畏党纪，珍惜自己、珍惜家庭、珍惜名节。同时，要从制度上查找原因。亡羊补牢，犹未为晚。制度好可以使坏人无法任意横行，制度不好可以使好人无法充分做好事，甚至会走向反面。各级党委要紧密结合这些年发生的腐败案例，寻找漏洞，吸取教训，全面深化改革，全面加强制度建设。"①

党的十八届三中全会通过的《中共中央关于全面深化改革若干重大问题的决定》提出了经济、政治、文化、社会、生态和党的建设六大领域的改革。其中党的建设领域的改革是其他五大领域改革的保障："全面深化改革必须加强和改善党的领导，充分发挥党总揽全局、协调各方的领导核心作用……提高党的领导水平和执政能力，确保改革取得成功。"如何加强和改进党的领导？如何发挥党总揽全局、协调各方的领导核心作用呢？关键在于提高党科学执政、民主执政、依法执政的水平，完善党的领导体制和执政方式。而实现这一目标最重要的措施就是健全和完善中国共产党党内法规体系。2015年2月2日，习近平总书记在省部级主要领导干部学习贯彻党的十八届四中全会精神全面推进依法治国专题研讨班上强调："除了要求领导干部提高尊法学法守法用法的自觉性和主动性以外，还要靠制度保证。党的十八届四中全会就此提出了一系列制度安排，包括建立法律顾问制度、设立公职律师，完善党政部门依法决策机制，建立行政机关内部重大决策合法性审查机制，建立重大决策终身责任追究制度及责任倒查机制，建立领导干部干预司法活动、插手具体案件处理的记录、通报和责任追究制度，建立法治建设成效考核制度，等等。这些制度要抓紧建立健全，早日形成，早日发

---

① 中共中央纪律检查委员会、中共中央文献研究室编：《习近平关于严明党的纪律和规矩论述摘编》，中央文献出版社、中国方正出版社，2016年，第57页。

挥作用。"①

综上可见，在新形势下，我们党的建设确实面临大量新的情况、新的问题、新的挑战，党要管党、全面从严治党的任务就更加繁重了，特别是党面临的"四大考验"和"四大危险"，面临着领导全面深化改革的重任。因此，创新党内法规，对于落实党的十八大关于全面提高党建科学化水平的要求，对于解决党内法规"碎片化"等问题，提高党内法规规范化、体系化水平，对于协调推进"四个全面"战略布局、实现中华民族伟大复兴的中国梦，都具有十分重要的意义。

二、与时俱进加强党内法规制度建设

不同时期党面临的形势和任务、特点和问题各不相同，党规党纪就要顺应形势发展和实践需要，聚焦现阶段突出问题，增强科学性、针对性和实效性，不断丰富和完善。当前，党内法规制度建设理论研究相对薄弱，对党规党纪的历史渊源、地位作用、体例形式、产生程序等均需系统研究、予以确定；有的党规党纪与国家法律交叉重复，有的过于原则性，缺乏细节支撑，可操作性不强，亟待完善。

与时俱进加强党内法规制度建设，首要的是维护党章的严肃性和权威性。党章是党内的根本法，是管党治党的总章程，它规定党的指导理论、党的纲领路线、党的理想信念、宗旨、组织原则、行为准则、党风党纪等基本内容，全党必须严格遵行。每一名党员都要无条件地履行党章规定的权利和义务，遵守党的纪律。各级党组织要切实把党章作为指导党的工作、党内活动、党的建设的根本依据。党员干部要树立党的观念，学习党章、遵守党章、

---

① 　中共中央纪律检查委员会、中共中央文献研究室编：《习近平关于严明党的纪律和规矩论述摘编》，中央文献出版社、中国方正出版社，2016年，第58~59页。

贯彻党章、维护党章，加强党性修养，切实维护党章的严肃性和权威性。

与时俱进加强党内法规制度建设，要使党规党纪严于国家法律。党是肩负神圣使命的政治组织，党员是有着特殊政治职责的公民。国家法律是全体公民必须遵循的行为底线。党规党纪对党员的要求严于国家法律对普通公民的要求。面对党旗宣誓的共产党员，就意味着比普通公民多尽义务，就要在政治上讲忠诚、组织上讲服从、行动上讲纪律。党的领导干部尤其是高级干部，责任和担当要更大。如果执政党连自己的党规党纪都守不住、执行不下去，依法治国、依法执政就是一句空话。党员违反党纪就必须受到纪律审查，接受组织处理，切实做到以严的标准要求党员、以严的措施管住干部。

与时俱进加强党内法规制度建设，要实现党内法规与国家法律有机衔接。党规党纪应着重规范党的政治纪律、组织纪律，保证党员坚定理想信念宗旨、保持优良作风、坚守道德操守，做到要义明确、简明易懂、便于执行。党内法规制度体系建设要循序渐进，先从提出工作要求入手，探索实践、不断总结，再上升为制度。党内法规制度体系对社会主义法治建设具有引领和推动作用。有些规范、要求在全社会还不具备实施条件时，可以通过对党员提出要求，在党内先行先试，不断调整完善，辅以在全社会宣传引导，条件成熟时再通过立法在国家层面施行。要及时将全面深化改革的实践经验和制度成果，通过法定程序转化为国家法律法规，保证党的路线、方针、政策得到贯彻。

与时俱进加强党内法规制度建设，要坚持依规治党与以德治党相统一。依法治国，公民不能都踩到法律底线上；依规治党，党员也绝不能全站在纪律的边缘。党中央坚持全面从严治党，提出"把纪律和规矩挺在前面"，这是相对于在管党治党和党内法规中纪法不分、错把法律当底线而言的。在党的建设中，则要坚持高标准在前，先把党的理想信念宗旨立起来、挺起来。

中华民族传统文化历来都讲德法相依、德治礼序,家规族规、乡规民约传承着中华文化的基因。中华民族历史传统中的"规矩"和崇德重礼的德治思想,也是党规党纪的重要源头。习近平总书记在系列重要讲话中,大量引用古代典籍、经典名句,强调弘扬中华优秀传统文化,并赋予其新的时代内涵。中国共产党是中国人民和中华民族的先锋队,以德治党的"德",就是党的理想信念宗旨、优良传统作风,其内核与中华民族传统美德一脉相承。立规修规既要汲取中华优秀传统文化的精华,又要适应管党治党的新形势、新任务,做到与时俱进。

总之,我们党已经形成了包括党章、准则、条例、规则、规定、办法、细则在内的党内法规制度体系,但还存在一些薄弱环节,必须与时俱进地加强党内法规制度建设。2012 年 6 月,中共中央部署开展了党的历史上第一次党内法规和规范性文件集中清理工作。清理工作分两个阶段进行,第一阶段清理 1978 年至 2012 年 6 月出台的中央党内法规和规范性文件,第二阶段清理新中国成立至 1977 年出台的中央党内法规和规范性文件。2013 年 7 月,中共中央发布了第一阶段的清理决定。2014 年 11 月 17 日,《中共中央关于再废止和宣布失效一批党内法规和规范性文件的决定》发布,标志着第二阶段的清理工作顺利结束。接下来,我们要根据《中国共产党党内法规制定条例》和《中央党内法规制定工作五年规划纲要(2013—2017 年)》的要求,立足当前、着眼长远、统筹推进,全面建成内容科学、程序严密、配套完备、运行有效的党内法规制度体系。

三、完善党内法规制度体系

没有不受监督的权力和个人,没有监督的权力必然导致腐败。我国是社会主义国家,我们党始终把权力监督作为党和国家建设的重大问题来抓,让人民赋予的权力真正用来为人民谋利益。党章规定,加强对党的领导机关和党员领导干部(特别是主要领导干部)的监督,不断完善党内监督体系。2014年5月9日,习近平总书记在参加河南省兰考县委常委班子专题民主生活会时强调:"我们是共产党执政。很多规矩是共产党立的,执行也是共产党去执行。毛主席同黄炎培谈跳出'其兴也勃焉,其亡也忽焉'的历史周期率,就是说要让人民来监督。我们要保证共产党长期执政、始终为人民谋利益,就必须加强自我监督、自我净化能力,在体制机制层面加大监督力度。同时,要发挥群众监督、民主监督、舆论监督的作用。"①产生腐败问题的一个重要原因是一些体制机制存在漏洞,必须坚持以改革思路推进工作,加强制度创新,使各方面监督严起来、实起来。无论党内监督,还是群众监督、社会监督、舆论监督,加强和改进的空间都还很大,有大量工作要做。因此,党的十八届六中全会提出,要形成党中央统一领导、党委(党组)全面监督,纪律检查机关专责监督、党的工作部门职能监督,党的基层组织日常监督,党员民主监督的党内监督体系。这样,使各种监督更加规范、更加有力、更加有效。

以党内监督制度为例,尤其要完善全党一体遵循的准则。2015年1月13日,习近平总书记在第十八届中央纪律检查委员会第五次全体会议上举例说明,刘邦进入咸阳城,听从樊哙、张良的忠告,提出了"约法三章",就两句话:杀人者死,伤人及盗抵罪。修订准则②要化繁为简、突出重点、针对时弊,解决领导干部从政过程中存在的突出问题,使广大党员、干部一目了然。他强调,巡视制度可以有效、管用,关键是要用好。巡视成为党风廉政建设和反腐败斗争的重要平台,是党内监督与群众监督相结合的重要方式,是上级党组织对下级党组织监督的重要抓手,为全面从严治党提供了有力支撑。改进巡视工作,首要的一条,就是落实全面从严治党的要求,做到有规在先、

---

① 中共中央纪律检查委员会、中共中央文献研究室编:《习近平关于严明党的纪律和规矩论述摘编》,中央文献出版社、中国方正出版社,2016年,第53~54页。

② 此处指《中国共产党党员领导干部廉洁从政若干准则》。

抓早抓小,不搞不教而诛,使党内监督不留死角、没有空白。

四、不断强化制度的执行力

制度的生命在于执行。习近平总书记指出:"要狠抓制度执行,扎牢制度篱笆,真正让铁规发力、让禁令生威。"①在参加河南省兰考县委常委班子专题民主生活会时,他强调:"我们的制度不少,可以说基本形成,但不要让它们形同虚设,成为'稻草人',形成'破窗效应'。很多情况没有监督,违反了也没有任何处理。这样搞,谁会把制度当回事呢? 我们党的制度是从党章开始的,学习党章学了半天,最后还是视而不见、听而不闻,这不行! 我们的制度有些还不够健全,已经有的铁笼子门没关上,没上锁。或者栅栏太宽了,或者栅栏是用麻秆做的,那也不行。现有制度都没执行好,再搞新的制度,可以预言也会是白搭。所以,我说一分部署还要九分落实。制定制度很重要,更重要的是抓落实,九分气力要花在这上面。"②习近平总书记的讲话深刻表明了依规治党不仅要做到有"规"可依,而且必须做到执"法"必严。

但是在实际工作中,一些地方和部门在党内法规的执行上存在重制定、轻执行问题,有的先紧后松,有的上紧下松,有的外紧内松,有的违反后未得到及时惩处,使党内法规成了"纸老虎""稻草人"。更为严重的是,极少数人目无组织、目无法纪,随心所欲、为所欲为,什么话都敢说,什么事都敢干。

党的十八大以后,中央组织部曾针对党内法规制度执行问题做过一次问卷调查。调查结果显示,98.63%的党员干部认为,提高党内法规制度执行力,对确保党的工作规范化开展,提高党科学执政、民主执政、依法执政水平

---

① 中共中央纪律检查委员会、中共中央文献研究室编:《习近平关于党风廉政建设和反腐败斗争论述摘编》,中央文献出版社、中国方正出版社,2015年,第127页。

② 中共中央纪律检查委员会、中共中央文献研究室编:《习近平关于党风廉政建设和反腐败斗争论述摘编》,中央文献出版社、中国方正出版社,2015年,第128~129页。

具有重要意义；66.5%的人认为当前提高制度执行力"十分紧迫"，46.6%的人认为，相比健全完善制度，提高制度执行力"更为紧迫"。①这从一个侧面说明，提高制度的执行力是当前乃至今后党内法规建设最为紧迫的任务。

为纠正"重立规轻执行"不良倾向，强化党内法规制度执行意识和执行力，党中央把守纪律讲规矩摆在更加突出的位置，反复强调要严格按规则和程序办事，敬法畏纪、遵规守矩。对此，习近平总书记有很多精辟的论述。比如："贯彻执行法规制度关键在真抓，靠的是严管。加强反腐倡廉法规制度建设，必须一手抓制定完善，一手抓贯彻执行。"首先，必须加大贯彻执行力度，让铁规发力、让禁令生威，确保各项法规制度落地生根。其次，必须加强监督检查，落实监督制度，用监督传递压力，用压力推动落实。最后，必须严肃查处那些违规违纪、破坏法规制度踩"红线"、越"底线"、闯"雷区"的党员干部，不以权势大而破规，不以问题小而姑息，不以违者众而放任，不留"暗门"、不开"天窗"，坚决防止"破窗效应"。这些重要思想论述，深刻地揭示了执行制度的极端重要性，为各级党组织强化制度执行力提供了行动指南。

党中央从完善监督制度和执纪问责机制入手，通过强化监督检查、追责问责、严查违纪行为，逐步强化党内法规制度的执行力。具体而言，主要有以下三项措施。

（一）创新党内监督检查方式，推动党内法规制度有效落实

长期以来，党内存在的比较普遍的问题，就是不愿监督、不敢监督、抵制监督等；有些地方和部门，党内监督被高高举起、轻轻放下，成了一句口号。党内监督的严重缺位，导致了党的领导弱化、党的建设缺失，以至于党内很

---

① 《制度的生命在于执行》，人民网，2016年3月1日。

多法规制度得不到落实,甚至是空转。要改变这种局面,必须使党员干部尤其是领导干部自觉行动起来,认真承担起监督的责任,积极开展监督,主动接受监督。为达到这样一种目的,党中央总结历史上的经验教训,在建章立制上狠下功夫,探索强化党内监督的有效途径。把权力关进制度的笼子里,首先要建好笼子。近几年来,全党从上至下强化党的自我监督,修订出台《中国共产党党内监督条例》,明确监督主体、监督内容和监督责任,从根本上解决管党治党主体责任缺失、监督责任缺位的问题,使党的政治优势充分释放出来。建立“两个责任”监督机制,无论党委还是纪委,都要对承担的党风廉政建设责任签字背书,做到守土有责、守土尽责。党委肩负“主体责任”,领导干部敢抓敢管,立“明规矩”、破“潜规则”,以眼里不揉沙子的认真劲儿,激浊扬清、崇廉拒腐,政治生态才能不断改善;纪委恪尽“监督责任”,带头尊崇党章,以更高标准、更严纪律保持队伍纯洁,确保管党治党责任落到实处。坚持打铁必须自身硬,既强化自我监督又加强外部监督。国家监察委员会组建和运行,开启了从试点探索迈入依法履职、持续深化国家监察体制改革的新阶段。强化监督合力,把国家机关监督、民主党派监督、群众监督、舆论监督等结合起来,形成强大的监督网络,推动党内监督制度向纵深发展。与此同时,为强化党内监督,还不断整合问责制度,健全问责机制,加强巡视检查。这一系列制度安排,有效地构建起科学规范的党内监督体系和完整闭合的责任追究链条,较好地实现了通过监督传递压力、用压力推动制度落实的目的,从而破解党内制度空转的问题。

(二)加大执纪问责力度,确保党内法规制度落地生根

动员千遍,不如执纪问责一次。这是党的十八大以来全面从严治党的基本经验,也是以执纪问责倒逼制度落实的一个重大认识突破。近年来,党中央在推动执纪问责方面做了很多基础性工作,尤其是在完善执纪问责制

度上取得很大进展。主要包括：推动党的纪律检查制度改革，强化上级纪委对下级纪委的领导，保持各级纪委监督权的相对独立性和权威性，增强权力制约和监督效果；首次向中共中央办公厅、中央组织部、中央宣传部、中央统战部、全国人大机关、国务院办公厅、全国政协机关等派驻纪检机构，实现对139家中央一级党和国家机关的派驻机构全覆盖，从而把党内监督的触角延伸到各个部门和单位，全方位看住中央一级党和国家机关的权力；重新确定党委和纪委在党风廉政建设中的各自责任，即党委负主体责任、纪委负监督责任，而且对各自的责任进行签字背书，对于责任落实不到位、出了问题的地方，党委和纪委要承担相应的责任；改革巡视机制和方式方法，实行中央巡视组组长、巡视地点及对象"三不固定"，赋予对领导干部个人有关事项进行抽查的权力，并强化巡视成果的运用，对重点线索逐一核实、件件落实，巡视的利剑作用得以凸显。通过巡视，发现了一批领导干部的问题线索，推动解决大量突出问题，有力促进被巡视地区、单位和领域强化党的建设，加强党的领导，有效推动被巡视地区、单位的改革发展，成为贯彻落实党内法规制度的利器。

在加强巡视工作的同时，党内问责力度明显加大。据统计，在全面从严治党中失职失责受到责任追究的典型问题，2014年31起，2015年75起，2016年132起，呈逐年增加态势。除此之外，还印发了《中国共产党巡视工作条例》《中国共产党问责条例》，为党内监督执纪问责提供了依据与尺度。严厉的执纪与问责，让铁规发力，让禁令生威，从而确保了党内各项法规制度的落地生根。

(三)严厉查处违纪违法行为,防止"破窗效应"的发生

目前党内各方面制度是比较齐全的，除了有的需要与时俱进地做一些补充、修改、完善外，大多数只要执行到位就能起到很大的作用。但是，由于

"破窗效应"等原因,一些制度并没有得到严格落实,甚至沦为"稻草人",形同虚设。导致这种现象的发生,有很多原因,其中一条就是破坏制度得不到惩罚。不管哪一种原因,都极大地破坏了党内制度的严肃性和执行力,都必须采取有效措施加以阻止和防范。

以习近平同志为核心的党中央以前所未有的力度持续推进党内监督检查,建立健全党内监督制度体系。创造性地提出"四种形态"(使咬耳朵、扯袖子、红红脸、出出汗成为常态,逐步让党纪轻处分、组织调整成为大多数,重处分的是少数,而严重违纪涉嫌违法立案审查的成为极少数),不断完善监督执纪方式。警示给人启示:严肃查处各种违反法纪的党员干部,有利于产生强烈的震慑效应,促使党员干部做到不以权势大而破规,自觉遵守和执行党内法规制度。

外因是通过内因起作用的。强化制度的执行力,一方面要利用好监督执纪问责力度这个外因,另一方面还需要注意提高党员干部的制度意识这个内因。党的各级组织要自上而下地在全党开展法规制度宣传教育和警示教育,引导广大党员、干部牢固树立法治意识、制度意识、纪律意识,使他们深刻认识到法规制度面前人人平等,遵守法规制度没有特权,执行法规制度没有例外,从而逐步形成尊崇制度、遵守制度、捍卫制度的良好氛围。

参考阅读

持之以恒推进依规治党——新时代党内法规制度建设

经国序民,正其制度。中国共产党历来重视党内法规制度建设。党的十八大以来,以习近平同志为核心的党中央统揽"四个伟大",统筹"两个大局",紧紧围绕党和国家事业发展全局,把加强党内法规制度建设作为全面从严治党的长远之策、根本之策，坚持依法治国与制度治党、依规治党统筹推进、一体建设，取得了历史性成就。实践证明，党规党纪发挥了强大治理效能，彰显了中国特色社会主义制度优势。党的各级组织、全体党员干部必须始终保持对党规党纪的敬畏之心，自觉遵守党规党纪。

一、创新理论引领，党内法规制度建设取得历史性成就

党的十八大以来，习近平总书记以鲜明的战略思维、辩证思维、系统思维、创新思维、历史思维、法治思维、底线思维，围绕党内法规制度建设作出一系列重要论述。强调要从事关党长期执政和国家长治久安的高度，紧紧围绕党和国家工作大局推进党内法规制度建设；强调"两个维护"是党的最高政治原则和根本政治规矩；强调党章是全面从严治党的总依据和总遵循；强调要完善和落实民主集中制；强调思想建党和制度治党同向发力，依法治国和依规治党有机统一，依规治党和以德治党相统一；强调要扭住提高质量这个关键，狠抓制度执行；等等。这些重要论述科学回答了党内法规制度建设"是什么""为什么""怎么干"等重大问题，为新时代党内法规制度建设指明了方向，提供了根本遵循。

截至 2024 年 3 月，全党现行有效党内法规共 3890 部。其中，党中央制定的中央党内法规 221 部，中央纪律检查委员会和党中央工作机关制定的部委党内法规 202 部，省、自治区、直辖市党委制定的地方党内法规 3467 部。党的十八大以来，新制定修订的党内法规占比超过 70%。在党的创新理论引领下，党内法规制度建设力度之大前所未有，数量之多前所未有，执行之严前所未有，保障之强前所未有，党内法规制度建设实现了跨越式、高质量发展。

二、治党必依党规,开辟制度治党、依规治党的新境界

治国必先治党,治党务必从严,从严必依法度。全面从严治党在根本上靠制度治党,制度治党的重心在依规治党。新时代坚持党的领导和党的建设实践推进到哪里,全面从严治党就延伸到哪里,党内法规制度建设就跟进到哪里,开辟了制度治党、依规治党的新境界。

党规党纪贯穿党的建设各方面、全过程。党的十九大报告指出,要"全面推进党的政治建设、思想建设、组织建设、作风建设、纪律建设,把制度建设贯穿其中"。把"制度建设"与党的"五大建设"结合起来,共同作用于党的建设目标任务,党的建设因制度建设的贯穿而制度化、规范化、程序化。以党的政治建设为例,一方面,在起草和制定党内法规时,要坚持以党的政治建设为统领,自觉站稳政治立场、把握政治方向,使每一部党内法规都经得起政治检验。另一方面,要通过制定党内法规,将党的政治建设的要求转化为刚性的制度约束。党的十八大以来,党中央围绕党的建设,特别是围绕政治纪律、政治规矩、规范用权、强化问责等出台了许多重要党内法规,包括廉洁自律准则、关于新形势下党内政治生活的若干准则、党务公开条例、重大事项请示报告条例、党政领导干部考核工作条例、党员教育管理工作条例、问责条例、党员权利保障条例、干部教育培训工作条例、纪律处分条例、党史学习教育工作条例、巡视工作条例等。这些党内法规全方位扎紧了制度笼子,突出用制度治党、管权、治吏,提高了党自我净化、自我完善、自我革新、自我提高的能力。

党规党纪贯通党的领导各方面、各领域。党政军民学,东西南北中,党是领导一切的。新时代全面加强党的领导法规制度建设,制定修订了组织工作条例、宣传工作条例、统一战线工作条例、政法工作条例、政治协商工作条例等各方面党的领导法规制度。在党的领导的各个领域,也不断强化党

内法规制度供给。例如，《地方党政领导干部安全生产责任制规定》《中央生态环境保护督察工作规定》《信访工作条例》等，这些法规加强了党的领导地位，规范了党的领导行为，把党"总揽全局、协调各方"落到实处，推动了党和国家各项事业发展。

三、党规必须严密，已经形成比较完善的党内法规体系

在党的创新理论指引下，新时代加大体系构建的顶层设计力度，加大制度缺项短板补齐力度，加大制度协调统一维护力度，加大制定体制机制保障力度，形成了以党章为统领，以党的组织法规制度、党的领导法规制度、党的自身建设法规制度、党的监督保障法规制度为 4 大板块的"1＋4"党内法规体系。

加大体系构建顶层设计力度。2012 年党中央发布《中国共产党党内法规制定条例》，这部被称为党内"立法法"的党内法规，对党内法规制定的原则、权限、规划和计划、审批等作出明确规定。2013 年党中央印发《中央党内法规制定工作五年规划纲要（2013—2017 年）》，这是党的历史上第一个党内法规制定五年规划。2014 年党的十八届四中全会把"完善的党内法规体系"纳入中国特色社会主义法治体系，这是党的重大理论和制度创新，也是党内法规体系建设的新战略布局。2016 年党中央出台《关于加强党内法规制度建设的意见》，这是党的历史上第一个专门部署推进党内法规制度建设的中央文件。随后，2018 年、2023 年党中央分别发布了第二个、第三个中央党内法规五年规划，明确了不同阶段制度建设的任务书、路线图、时间表。

加大制度缺项短板补齐力度。以习近平同志为核心的党中央统筹推进各阶段、各类型、各领域党内法规制定工作，针对全党重大问题，出台实践需要、务实管用的中央党内法规，填补大量制度空白，引领党内法规体系建设加速推进。以党的组织法规制度为例，党中央先后制定修订了地方委员会

工作条例、工作机关条例、支部工作条例、农村基层组织工作条例、党组工作条例、党和国家机关基层组织工作条例、国有企业基层组织工作条例、中央委员会工作条例等党内法规,构建起较为完备的党的组织法规制度体系。2021年党中央发布《中国共产党纪律检查委员会工作条例》,这是我们党历史上第一部全面规范纪律检查委员会工作的基础性党内法规,规定了横向到边、纵向到底的严密组织制度,填补了党内法规的制度空白。

加大制度协调统一维护力度。党内法规的体系化,不只是制度"量"的增加,更是整体协调统一的"质"的提升。2012年至2014年、2019年,党中央两次进行党内法规和规范性文件的集中清理,决定废止、宣布失效和修改了866件中央法规文件,实现了党内法规制度"瘦身"和"健身"。另外,通过建立健全党内法规和规范性文件的备案审查制度,及时发现和处理"问题文件",维护党内法规和国家法律的衔接协调,维护党内法规和党的政策的协调统一。

加大制定体制机制保障力度。主要包括:一是建立中央书记处定期听取党内法规工作情况报告的制度。中央书记处按照习近平总书记的指示、中央政治局及其常委会的决策部署,负责牵头抓总,研究谋划与具体推动党内法规工作。二是建立中央党内法规工作联席会议制度,负责研究中央党内法规制定工作规划和年度工作计划等工作。各省区市也普遍建立了联席会议机制。三是召开全国党内法规工作会议,专门研究部署党内法规制度建设工作。

2021年7月1日,在庆祝中国共产党成立100周年大会上,习近平总书记宣布,我们党已经"形成比较完善的党内法规体系"。这是我们党100年来持续推进制度建设,特别是党的十八大以来统筹推进制度治党、依规治党的成果,是党内法规制度建设史上的重要里程碑,标志着党内法规制度建设迈入高质量发展阶段。

四、立规必重质量，确保党内法规立得住、行得通、管得了

随着党内法规体系日趋健全完善，我们当前面临的主要问题，不是法规制度有没有，而是好不好。习近平总书记高度重视党内法规制定质量问题，强调"要坚持科学立规、民主立规，确保每一项党内法规都立得住、行得通、管得了"。

确保党内法规"立得住"，关键是遵循立规的科学性、民主性。要完善党内法规制定程序，坚持调查研究、发扬民主，广泛征求意见，把实践检验行之有效、党员群众认可的法规制度制定出来，使党内法规具有坚实的共识基础；要掌握制度建设的周期性规律，及时进行法规制度的立改废；要加强党内法规备案审查，实行有件必备、有备必审、有错必纠，把好党内法规质量关。

确保党内法规"行得通"，主要是强化立规的可行性、可操作性。党内法规要立足国情和党情，坚持实事求是，既不降格以求，也不提出不切实际的要求；要坚持于法周延、于事简便，不搞堆砌辞藻、花里胡哨的"制度形象工程"。

确保党内法规"管得了"，重点是突出立规的针对性、实效性。要坚持法规制度既有激励、容错机制，又有严格的监督、惩戒制度，形成可执行、可监督、可检查、可问责的制度安排；要强化法规制度的适配性，实现法规配套完备，避免法规制度过于笼统、弹性空间大、牛栏关猫等现象。

新时代以来，党内法规制度建设扭住提高质量这个关键，与时俱进制定修订了许多党内法规。例如，2009年7月党中央颁布试行《中国共产党巡视工作条例》，以习近平同志为核心的党中央在总结新时代巡视工作理论创新、实践创新、制度创新成果的基础上，于2015年、2017年、2024年三次完善该条例，以更高标准深化政治巡视，不断提高巡视工作规范化水平，强化巡

视整改和成果运用，充分发挥了巡视综合监督作用，为反腐败斗争取得压倒性胜利并全面巩固作出了突出贡献。再如，2013年11月党中央印发《党政机关厉行节约反对浪费条例》后，有关部门相继出台公务接待管理、会议费管理、公务用车制度改革、公务差旅等方面的20项配套法规制度，推动中央党内法规在本部门、本领域落实落地，增强了法规制度的针对性、操作性、实效性。

五、执规必动真格，真正实现让铁规发力、让禁令生威

天下之事，不难于立法，而难于法之必行。党中央坚持制定和实施并重，通过加强学习教育、健全执规体系、强化违规追究等途径和方式，把主体责任、监督检查、专项整治、目标考核、责任追究等有机结合，在抓常、抓细、抓长上下功夫，以"钉钉子"精神狠抓党内法规制度贯彻落实。

遵规知规懂规，把握执规的必要前提。把党内法规学习好、理解好，才能把党内法规执行好。新时代以来，党中央通过部署开展各项主题教育活动，强化党内法规出台的宣传解读，健全常态化学习教育机制，扎实推进党章党规党纪内化于心、外化于行。2023年党中央印发《关于建立领导干部应知应会党内法规和国家法律清单制度的意见》，明确领导干部应知应会党内法规和国家法律的总体要求和学习重点，进一步将其制度化、清单化。2024年4月党中央印发《关于在全党开展党纪学习教育的通知》，聚焦解决一些党员、干部对党规党纪不上心、不了解、不掌握等问题，组织党员特别是党员领导干部认真学习《中国共产党纪律处分条例》，强化纪律意识、加强自我约束、提高免疫力，增强政治定力、纪律定力、道德定力、拒腐定力，让党员、干部受警醒、明底线、知敬畏。

健全执规体系，夯实执规的保障机制。2016年党中央印发《关于加强党内法规制度建设的意见》，提出要形成"高效的党内法规制度实施体系"。

2019年党中央发布《中国共产党党内法规执行责任制规定(试行)》。这一全面规定党内法规执行责任制的专门党内法规,确立了在党中央集中统一领导下,"党委统一领导、党委办公厅(室)统筹协调、主管部门牵头负责、相关单位协助配合、党的纪律检查机关严格监督的执规责任制",建立了执规责任清单、党内法规实施评估等制度,形成了较为完备的"统分结合、各司其职,一级抓一级、层层抓落实"的党内法规执行体系。

强化违规必究,发挥执规的威慑作用。只有违规必究,党内法规才能真正体现其制度刚性和威慑力,才能防止"破窗效应"。习近平总书记高度重视党内法规的执行,强调"制度制定很重要,制度执行更重要","对党内法规制度执行不力、落实不好、问题突出的,要敢于亮黄牌、掏红牌"。2023年党中央根据党的二十大精神再次修订了《中国共产党纪律处分条例》。这次修订明确"把严的基调、严的措施、严的氛围长期坚持下去",突出问题导向,聚焦党内法规执行的重点难点,与时俱进完善纪律规范,体现了真抓严管、违规必究的基本精神。

使命昭示未来。新时代党内法规制度建设的成就和治理效能,是马克思主义为什么行、中国特色社会主义为什么好的生动诠释,是我们坚定"四个自信"的重要保障。在新的历史起点上,我们有理由相信,作为管党治党"基本方式"的党内法规制度建设必将乘风破浪、再上新台阶!

(来源:2024年第6期《党建》杂志,2024年6月4日,作者:张劲)

第七章

抓住领导干部这个『关键少数』

从严治党，关键是要抓住领导干部这个『关键少数』，从严管好各级领导干部。从严管理干部，要坚持思想建党和制度治党紧密结合，既从思想教育上严起来，又从制度上严起来。

——2015年3月5日，习近平总书记在参加十二届全国人大三次会议上海代表团审议时的讲话

一、牢固树立纪律和规矩意识

在新形势下,我们党承担的历史使命重大,面临的风险和考验加大,加强党的建设的任务艰巨,对领导干部守纪律、讲规矩的要求更加突出。牢固树立纪律和规矩意识是对领导干部的重要要求。在领导素质和领导意识中,守纪律、讲规矩的素质是基本素质,纪律和规矩意识是基本意识。领导干部权力大、责任重,拥有许多决策权、处置权,掌握不少资源分配权。守不守纪律、讲不讲规矩,直接关系党的各项原则能否得到有效贯彻,关系党的执政权力是否真正用来为人民服务。例如,习近平总书记就谆谆告诫县委书记,要正确行使权力,依法用权、秉公用权、廉洁用权,做到心有所畏、言有所戒、行有所止。一些领导干部不守纪律、不讲规矩,为所欲为,甚至搞小圈子,造成不良示范,影响很坏。事实表明,要求领导干部牢固树立纪律和规矩意识,有着很强的现实针对性。改革开放和发展社会主义市场经济,创造大量的社会财富,也形成各种各样的诱惑,以权谋私、违纪违法、走向腐败的危险也随之增大。正因为如此,我们党制定了拒腐防变的各种党规党纪,用党内法规管束党员干部行为。但仍有一些领导干部目无党纪党规,以权谋私、腐化堕落,显示出纪律意识淡薄、规矩意识弱化。思想防线垮了,腐败闸门自然就开了。因此,执政时间越长,越是要管党治党,越是要管理好、教育好各级领导干部特别是高级干部,越是要强化纪律和规矩意识。

第一,树立党的意识。党的意识是执政党带有根本性的问题,是共产党员政治觉悟和党性的集中体现。党员特别是党的领导干部,党的意识强弱,直接关系到党的路线方针政策的贯彻执行，关系到党的团结统一，关系到党的形象和执政地位的巩固。增强党员意识，就是要时刻不忘自己的党员身份，不忘自己的入党誓词，不忘党员的权利和义务，始终有一种与党的命运息息相通、同心同德的神圣情感，一种为党的事业倾心倾力、奋斗不息的自觉意识。

第二，树立政治意识，坚决维护党中央权威。守纪律、讲规矩，第一位的要求就是要在任何时候任何情况下都必须在思想上政治上行动上同党中央保持高度一致。不同地区、部门、行业的工作虽然有其特殊性，但在同党中央保持高度一致这个重大原则问题上，不能有丝毫含糊，不能各行其是，搞这样那样的变通。党的十八大以来，以习近平同志为核心的党中央从关系党和国家生死存亡的高度，以前所未有的决心和力度推进反腐败斗争。领导干部牢固树立政治意识，就要在党中央统一领导下，积极贯彻中央推进党风廉政建设和反腐败斗争的部署，坚决打赢这场攻坚战、持久战。

第三，树立宗旨意识。我们党没有自己的特殊利益，一切为了人民既是我们的庄严承诺，也是我们一切工作的归宿。党章所规定的"党在任何时候都把群众利益放在第一位，同群众同甘共苦"，必须严格遵循。要牢固树立群众观念，倾听群众的愿望呼声，增进同群众的思想感情，努力提高做好新形势下群众工作的本领，做到思想上尊重群众，政治上代表群众，感情上贴近群众，行动上深入群众，工作上为了群众，努力创造经得起实践、历史、人民检验的实绩。

第四，树立法治意识。依法治国，对于党的自身建设来说，就是要依规治党。规，就是法规制度、纪律规矩。依法治国要求增强全社会的法治意识，依规治党要求增强全党的纪律和规矩意识，二者是统一的。作为领导干部，如果法治意识强，则纪律和规矩意识强，坐得端、行得正、走得稳；如果纪律和规矩意识弱，就很难做到遵纪守法。纪律和规矩既是"紧箍咒"，也是

"护身符",是对各级领导干部的爱护和保护;既有利于党的事业健康发展,也有利于开展领导工作、提高领导威信,是干部成长道路上的"安全带"。

第五,树立团结意识,努力维护党的团结。团结就是力量,团结就是大局。党的纪律是有利于党的工作大局的纪律,党的规矩是有利于维护党的团结局面的规矩。我们党代表最广大人民的根本利益,全心全意为人民服务,党内决不容忍搞团团伙伙、结党营私、拉帮结派。领导干部在组织路线和用人问题上,必须坚持五湖四海,团结一切忠实于党的同志。只要是德才优秀的干部,都要人尽其才、用当其时;只要是忠实于党的同志,无论和自己有无"交集",都要用其所长、充分使用。

第六,树立大局意识。大局是指事物的整体或事物发展变化的基本规律。切实强化大局意识是做好一切工作的前提和基础。"不谋全局者,不足谋一域。"增强大局意识,不仅要认识大局、把握大局,还要服从和服务大局,做到只要对大局有利,局部受损的事也要做;只要对大局不利,即使局部得利的事也不做。具体地说,就是要始终坚持把党的利益、人民的利益放在第一位,个人利益服从党的利益,局部利益服从全局利益。

第七,树立程序意识,严格遵循组织程序。领导工作是在一定的组织系统中进行的,是在一定的制度规则中开展的,由此保证各级党组织工作的正常秩序。这些制度规则就是党的规矩,有些已成为刚性的纪律。作为领导干部,必须懂得组织运行的程序,明确自己的权限,重大问题该请示的请示、该汇报的汇报,不允许超越权限办事。违规用权、擅自越权,表面上看尝到甜头、办成了事,但破坏组织秩序,造成不良后果,留下严重隐患。守规矩,就要讲程序,组织程序凝结着党的工作规律,不可置之不理。

第八,树立组织意识,坚决服从组织决定。纪律是维护党组织凝聚力、号召力的有力武器,规矩是增强党员干部组织观念的有效手段。守纪律、讲规矩就要做到个人服从组织,即使是领导干部包括高级干部也必须服从组织,不能凌驾于党组织之上。党的战斗力需要铁的纪律来维系,对组织决定不能"选择性服从",顺其心愿的就服从,不合心愿的就不服从。需要强调的是,树立组织意识,决不允许搞非组织活动,决不允许违背组织决定另搞一套;领导干部可以对组织决定通过组织程序发表不同意见,但不能采取其他违背组织决定的行动。

第九,树立原则意识,有效管好亲属和身边工作人员。一些领导干部的亲属和身边工作人员参与腐败、合谋腐败、寻租腐败,教训极为深刻。这表明不仅领导干部本人要守纪律、讲规矩,而且要让自己的亲属和身边工作人员守纪律、讲规矩。在新形势下,管好领导干部亲属和身边工作人员,不得默许他们利用特殊身份谋取非法利益,已成为党的重要规矩。树立原则意识,就是要按照习近平总书记指出的那样,处理好公和私、情和法、利和法的关系。不能公私不分,把公权力用于回报私情;不能情大于法,因感情因素而有失公正;不能利压倒法,为谋取私利而罔顾国法。

二、坚持依宪执政依法执政

各级党组织和党员干部要做到严守纪律和政治规矩,必须依宪执政、依法执政。

首先,党的领导与社会主义法治具有一致性。党的领导不仅是历史和人民的选择,而且宪法也作了明确规定。在法治建设方面,社会主义法治必须坚持党的领导,这是于法有据的。党领导法治建设的程序是:党领导人民制定宪法法律,将宪法法律上升为国家意志,通过宪法法律治理国家。党作为宪法法律的制定者,也必须在宪法法律范围内活动,遵守宪法法律规定,依靠社会主义法治治国理政。

其次,国家法律是党员干部必须遵守的规矩。法律是治国之重器,包括宪法在内的国家法律是国家治理现代化的依托。我国宪法法律规定了行为者的活动边界,具有强制性约束力。党员干部作为治理国家的重要奉法者,其守法程度既关乎国家强弱,也关乎党的形象和个人成败。

再次,党依据宪法治国理政,依据党内法规管党治党。宪法是国家的根本大法,体现党、国家意志和人民利益,是其他法律的母法。从严守政治纪律和政治规矩的视角看,党要自觉维护宪法尊严和权威,依据宪法治国理政。此外,治国理政、全面从严治党也需要依据党内法规来规范各级党组织和党员行为。党依据这些党内法规管党治党,惩处了一批违纪违规的党员干部,贯彻了治国必先治党,治党务必从严的原则,保持了党的先进性。

最后,党员干部要做依宪执政、依法执政的表率。当前,全面依法治国已经上升到"四个全面"战略布局的高度,成为我国政治发展新方向。在全社会法治意识还不够强的背景下,党员干部要坚定正确的政治方向、政治立场,从严守政治纪律和政治规矩出发,自觉按照依法治国务必依宪执政、依法执政的本质要求,带头做社会主义法治的忠实崇尚者、自觉遵守者、坚定捍卫者。

三、加强领导干部党纪教育

党的纪律是执行党的路线、方针、政策和决议,维护党的团结统一,巩固党同群众的密切联系,提高党的战斗力的重要保证。加强党纪教育是我们党的优良传统。总体来说,广大党员特别是党员领导干部大都能遵守党章和其他党内法规,严格遵守党的纪律。但是在党性党纪方面,仍然存在这样那样的问题:有的理想信念不坚定,出现"信念危机";有的组织纪律观念淡薄,精神萎靡不振;有的忘记了全心全意为人民服务的宗旨,甚至跌入腐败的泥潭;等等。各级党组织要注意倾听民声,了解民意,密切关注党员干部党性党纪方面的新动向、新问题,着力加强党纪教育,为实现中国梦提供可靠的政治和组织保障。

第一，进行以党章和其他党内法规为基本内容的党纪教育。党章是党的根本大法，是每个党员言论和行动的基本准则，是指导党的工作和党的建设的纲领性文献，是党的行动纲领。各级组织和每个党员都要严格遵守，认真践行。为了适应新形势的要求，党中央、中央纪委先后制定了一系列党纪处分的条例和规定，如《中国共产党纪律处分条例》《中国共产党党内监督条例(试行)》《中国共产党党员权利保障条例》等，都是进行党纪教育的重要内容。以党章为主要内容的党纪教育，就是要使党员懂得党的政治纪律、组织纪律、廉洁纪律、群众纪律、工作纪律、生活纪律的具体内容和规定，同时还要使党员了解违纪所要受到的处分和党组织对违纪党员纪律处分的程序。只有这样，才能提高党员遵守纪律的自觉性，减少党内违纪现象的发生。

第二，加强党的路线、方针、政策方面的教育。纪委监察部门要完成党章赋予的检查党的路线、方针、政策和决议的执行情况的职责，必须把党的路线、方针、政策作为纪检教育的主要内容，教育党员正确理解党的路线、方针、政策，结合实际创造性地认真贯彻执行党的路线、方针、政策。要使党员懂得，党的正确的路线方针政策，是全党意志的集中体现，是全国人民的根本利益所在。谁要是违反和破坏了党的路线、方针、政策，谁就损害了党和人民的根本利益，也就违反了党的政治纪律。

第三，加强国家的法律和法规的教育。国家的法律和法规也是纪检教育的重要内容。国家的法律和法规是党领导人民制定出来的，是国家意志和人民利益的根本体现。作为党员，同时具有公民的身份，要带头遵守和维护国家的法律法规。邓小平曾经指出，无论是不是党员都要遵守国家法律，对于共产党员来说，党的纪律里就包括这一条。遵守党纪国法的最高标准，是真正维护和坚决执行党的政策和国家的政策。把国家的法律法规作为纪检教育的内容，就是要使党员明确党的纪律与国家法律法规的关系，牢记党必须在宪法和法律的范围内活动，无论任何人，只要违反国家的法律法规，都要受到应有的处罚。

对领导干部加强党纪教育的主要方法有：

一是专题教育与系统教育。搞好党纪教育，必须把专题教育和系统教育结合起来，提高教育的整体效果。专题教育是针对某一个时期带有某种倾向性的问题进行的内容集中、应急性较强的一种教育形式。系统教育是对党风党纪的基本理论、基本知识进行基础性教育的一种形式。专题教育多利用党纪教育内容中独立成章的章节或观点，采取讲座、报告会、研讨会、教育周等方法，对党员进行一次或几次专题内容的教育。这种教育具有应急性和针对性的特点，内容集中，观点鲜明，易于在时间较紧的情况下对不同层次的党员进行教育。系统教育多采用轮训班、培训班和系列讲座等形式。系统教育的特点是系统性和基础性，内容整体性强，是党纪教育中常用的一种有效的教育形式。专题教育与系统教育的联系。专题教育与系统教育作为两种不同的教育形式，有密切的联系。系统教育是由一个个专题教育组成的，每个专题教育都是系统教育中不可分割的一部分。系统教育的内容又是由独立成章的专题教育组成的，这种独立成章的专题教育的内容构成了系统教育的基础。专题教育与系统教育是纪检教育中最常用的两种教育形式。搞好专题教育和系统教育的关键，在于充分的准备工作。从制订教育计划、组织教学力量、编写教材，到实际的组织授课、课后讨论找差距、定措施、抓落实，每一个细节都必须有周到细致的考虑。这项工作要求高、牵涉面广、工作量大，完全由纪检机关承担是比较困难的，应主动联合有关部门，聘请有关专家、学者和知名人士授课，这样可以收到更好的效果。

二是理论教育与形象教育。搞好党纪教育，必须把理论教育和形象教育结合起来。理论教育与形象教育是按不同的教育传达媒介和说理方式划分的。理论教育是指运用理性思维传递纪检教育内容的教育形式。形象教育是指运用文艺手段形象具体地传递纪检教育内容的教育形式。理论教育通常采用转发各类通报、发表理论文章、编写党纪教材、对党员进行理论培训轮训，或上党课、作报告等方法进行党纪理论和优良传统的教育。理论教育的特点是以理服人，用说理的方式把纪检教育的内容灌输到党员的头脑之中。这种以理服人的理论教育形式对提高党员的政治觉悟起着重要的作用。形象教育主要是利用电影、电视、戏剧、文学、音乐等艺术形式和举办报告会、演讲会、图片展览等方法对广大党员进行党风党纪教育。形象教育的特点是以情感人，是纪检教育的一种比较生动活泼、直观具体、喜闻乐见、易于接受的形式。理论教育和形象教育也有各自的不足。理论教育以理服人，且易于实施，不易受客观条件的局限，是对党员进行马克思主义理论教育的一种行之有效的方法，但这种形式比较缺乏艺术感染力；形象教育以情动人，因其新颖活泼、形象直观、感染力强而受到广大党员欢迎。但这种形式易受客观条件的制约，且缺乏理论深度。因此，在开展党纪教育的过程中，要注意把两种形式有机结合起来，使其长短互补，相得益彰，发挥综合作用。

三是榜样教育与案例教育。榜样教育与案例教育是按照使用教材的不同而划分的两种教育形式。榜样教育是指以优秀党员或先进党组织的事迹为素材对党员进行的教育。案例教育是运用已经处理的有典型性和教育意义的案件对党员进行的教育。榜样教育与一般正面教育相比，具有形象具体、可信程度强、教育效果明显的特点，是深化正面教育的一种好形式，起到树立和学习榜样，用革命精神激励和感染教育对象，以先进带后进的作用。案例教育通常采用"剖析案例"的做法，依照党纪、政纪、法律的有关条款和内容，分析违纪行为发生的原因、过程和造成的后果，给人们以启示和警戒。案例教育具有很强的震撼力，对增强党员的纪律观念和法治观念，提高遵纪守法的自觉性，有着明显的效果。所以，案例教育也称警示教育。榜样教育与案例教育也可称为正反典型的教育。宣传典型是扩大典型教育效果的有效途径。但如果宣传不当，也会带来不良的后果。运用正反典型的教育，要按照教育对象的不同层次采取不同的方法,贯彻内外有别的原则,根据党的中心工作的要求,掌握宣传口径和时机,要始终坚持以正面典型为主,防止出现正不压邪的负效应,在党员中造成不良影响。运用榜样教育与案例教育时,除遵循党纪教育的一般原则外,还应注意选择典型必须慎重,总结典型必须实事求是,宣传典型必须掌握分寸,培养典型必须肯下功夫。典型性是正反典型教育的本质要求,缺乏典型化的正反典型教育必定不会取得好的教育效果。因此,开展正面典型教育要选择能体现时代精神的党员和党组织的先进事迹,感染和激励广大党员。反面典型教育要针对党员思想实际,选择社会影响大、群众关注的重大案件,或反映某一类违纪现象和不正之风中带有规律和特点的案件,或情节恶劣、手段严重而处理严肃的案件作为教育内容,要防止在反面典型教育中拼凑典型,搞形式主义。

四是预防教育和转化教育。预防教育和转化教育是党纪教育中针对事前和事后的两种不同教育形式。预防教育是在党内某个时期某种不正之风和违反党纪的错误倾向可能发生或刚刚露头的时候,有针对性地及时做好思想教育工作,采取措施,防患于未然。转化教育是对犯错误或受到党纪处分的党员进行教育的一种方法。预防教育是施教于先、防微杜渐的教育,是增强党员的免疫力,使党员少犯错误或不犯错误的一个好办法。搞好预防教育,必须加强调查研究,经常分析党员的思想状况,随时掌握党风党纪动态,发现带有倾向性、苗头性的问题,及时通过各种方式打招呼、敲警钟,把问题解决在萌芽状态。搞好预防教育,不能停留在发通知等一般号召上,要将那些党员素质较差、容易出现问题的单位作为教育的重点,针对问题进行教育疏导,使他们时刻保持清醒的头脑,自觉抵制错误思想的影响。转化教育是做好犯错误党员的思想工作、化消极因素为积极因素的一种手段,是"惩前毖后、治病救人"方针的具体体现。纪检机关要主动会同犯错误党员所在单位的党组织,定期或不定期地了解受到处分的党员的思想、工作、生活情况，帮助他们正确认识错误，总结教训，鼓励他们放下包袱，积极工作。在转化教育过程中，既要严肃指出其错误和危害，又要倾听他们的意见和要求，帮助他们解决实际困难，提供改正错误的机会和条件，使他们感受到组织上的关心和爱护。对确已改正错误，表现好而又有才能的干部，要建议有关部门同样予以重用。

总之，领导干部不仅要带头讲规矩、以上率下，更要发挥制度效力，把规矩意识融入强管理、带队伍、正风气、干事业的实践中去。消除制度执行的死角和断层，使各项工作都置于规矩的约束之中，才能使党员干部心有所畏、言有所戒、行有所止，焕发正气与活力。

参考阅读

领导干部要做严守纪律的表率

"人不率则不从，身不先则不信。"党的纪律是党的各级组织和全体党员必须遵守的行为规则，是维护党的团结统一、确保党的任务顺利完成的重要保证。严格遵守和坚决维护党的纪律是做合格党员的基本条件，也是党员领导干部铸魂、修身、立业的基本要求。习近平总书记强调，各级领导干部特别是高级干部要牢固树立纪律和规矩意识，在守纪律、讲规矩上作表率。作为党员领导干部，既应做到学纪、知纪、明纪，还应作严守纪律的表率，带头增强纪律意识，敢于担当、敢于较真、敢于斗争，推动全党把党的纪律落实到位。

一、领导干部做严守纪律表率的重要意义

领导干部做严守纪律的表率是马克思主义政党建设的必然要求。马克

思主义政党是纪律严明的政党。马克思主义认为："共产党只有按照高度集中的方式组织起来，在党内实行近似军事纪律那样的铁的纪律，党的中央机关成为拥有广泛的权力、得到党员普遍信任的权威性机构，只有这样，党才能履行自己的职责。"在这种"铁的纪律"的执行中，领导干部无疑具有引领和表率的力量。群众看党员，党员看干部，领导干部是党的执政骨干，在党和国家事业发展中具有重要的引领作用，其一言一行、一举一动，像"风向标"一样对身边党员产生着强烈的示范效应。领导干部的地位越高，担负的责任越重，就越要以上率下才能管好身边党员。所谓"其身正，不令而行；其身不正，虽令不从"，马克思主义政党的先进性也必然通过领导干部在严守纪律上率先垂范来体现。

领导干部作严守纪律的表率是党的历史经验和光荣传统。发挥领导干部的模范带头作用，是党的自我革命的重要经验。在长期的革命、建设、改革实践中，无数的党员领导干部带头保持优良革命传统、严于律己，为广大党员作出了榜样。新中国成立初期，毛泽东同志给自己定下三条原则：念亲，但不为亲徇私；念旧，但不为旧谋利；济亲，但不以公济私。在党发展壮大的历程中，正是由于一方面注重发挥领导干部的带头示范作用，强调党纪面前一律平等，另一方面注重全体党员对纪律的遵守，处理好"关键少数"和"绝大多数"的关系，才能推动广大党员干部把铁的纪律自觉转化为言行准则，推动党的自我革命不断深入。

领导干部做严守纪律的表率是新时代新征程党的使命任务的实践需要。在复杂多变的国内外形势下，党要团结带领全国各族人民全面建成社会主义现代化强国、实现第二个百年奋斗目标，以中国式现代化全面推进中华民族伟大复兴，就必须着力建强忠诚、干净、担当的高素质执政骨干队伍。"打铁必须自身硬"，要解决一些党员干部担当精神、斗争本领、实干精神不足，形式主义、官僚主义现象仍较突出，铲除腐败滋生的土壤任务依然艰巨等现实问题，迫切需要在遵规守纪上抓好领导干部这个"关键少数"，带动全党纪律严起来。

二、党规党纪对领导干部提出了更高要求

以身作则、率先垂范，其实质是要求领导干部压实全面从严治党政治责任，一级示范给一级看、一级带领着一级干，形成自上而下的示范效应。因此，从抓贯彻落实党的纪律的要求标准看，领导干部遵循的标准应高于一般党员。从工作和职务特征看，领导干部的手中都掌握着权力，面临的诱惑和陷阱也更多，容易成为围猎的对象，党规党纪的制度规范自然也就需要对领导干部提出更高更多的要求。

党章是党的根本大法。党章除了对全体党员提出了必须履行的八项义务，还在第三十六条专门针对领导干部提出更高要求，强调党的各级领导干部必须信念坚定、为民服务、勤政务实、敢于担当、清正廉洁，模范地履行党员的各项义务，并且必须具备六项基本条件，包括具有履职所需要的理论水平、理想信念坚定、坚持党的思想路线、有强烈的革命事业心和政治责任感、正确行使权力、坚持和维护民主集中制等。

2024年1月1日起施行的修订版《中国共产党纪律处分条例》(本书简称《条例》)一共有14处提及了"党员领导干部"，突出体现了对领导干部遵守党纪的高要求。特别在《条例》分则中以"党员领导干部"为主体的条文，专门是为党员领导干部量身定制，不适用于一般党员。这些纪律要求涉及了除群众纪律外的五大纪律。其中，政治纪律3条，对打折扣、搞变通落实党中央决策部署、政绩观错位、搞无原则一团和气等行为进行了规定；组织纪律1条，对违规组织、参加自发成立的老乡会、校友会、战友会行为进行了规定；廉洁纪律3条，对离职或退(离)休后违规任职，其配偶、子女及其配偶违规经营或从业，违规为本人、亲属、身边工作人员和其他特定关系人谋求特殊待

遇等行为进行了规定；工作纪律1条，对"新官不理旧账"行为进行了规定；生活纪律1条，对不重视家风建设行为进行了规定。此外，《条例》还有许多条款规定了对"直接责任者和领导责任者"的纪律处分要求，其中领导责任者指的就是在其职责范围内，对主管、应管工作或参与决定的工作不履行或不正确履行职责，对造成的损失或后果负领导责任的党员领导干部。《条例》上述规定，为党员领导干部进一步精准划定了遵守纪律的行为准则。

三、发挥头雁效应，做党的纪律的坚定捍卫者

强意识，切实践，行正确的权力观、政绩观、事业观。新修订《条例》增写"切实践行正确的权力观、政绩观、事业观""反对特权思想和特权现象"等内容，意味着领导干部和全体党员一样，永远是劳动人民的普通一员，除了法律和政策规定范围内的个人利益和工作职权以外，不得谋求任何私利和特权。领导干部与公共权力有着紧密的联系，职位越高、手中掌握的权力越大，强化纪律意识、规范权力运行、摒弃特权思想就越应受到重视。共产党人权力的本质是"为人民服务"，领导干部只有做到心有所戒、行有所止，将铁的纪律真正内化为日常习惯和自觉遵循，做到"不以一毫私意自蔽，不以一毫私欲自累"，才能不被糖衣炮弹击倒，毫无私心地把自己的一切奉献给党和人民，担当起党和人民赋予的新时代使命任务。

重细节，将党纪要求落实到全部工作生活之中。习近平总书记在党的二十大报告中强调，要加强对干部全方位管理和经常性监督。从严管理干部要贯彻落实到干部队伍建设的全方位、全过程，对党员的纪律要求，也应贯彻落实到党员领导干部的全部工作生活之中。领导干部贯彻执行党的纪律，应从细微处入手，在全方位、全周期上下功夫。一些退休干部"退而不休"、不甘寂寞，认为"退了退了，一退就了"，自以为党的纪律管不到离职或退（离）休党员头上，利用在职时的影响力谋利，甚至搞"期权式腐败"。殊不

知党的纪律体现的是管理上全周期、对象上全覆盖，《条例》新增第一百零六条，专门强化了对离职、退（离）休党员的廉洁纪律约束。还有一些领导干部认为，对于到任前已经存在的问题，即便属于自己当前的职责范围内，但问题并不是自己造成的，于是消极回避、推卸责任。《条例》新增第一百三十条，专门就党员领导干部"新官不理旧账"行为进行了规定，拓展了党纪的深度和广度。领导干部应牢记，全面从严治党就是要管全党、治全党，严守纪律意味着在任何时间、任何情况、任何环节都不越底线。

育家风，加强对亲属和身边工作人员的教育和约束。领导干部的家风，不是个人小事、家庭私事，而是领导干部作风的重要表现。"积善之家，必有余庆；积不善之家，必有余殃"，这也正是古今中外历史屡次证明的一个道理。习近平总书记把家风建设放在前所未有的高度，强调"每一位领导干部都要把家风建设摆在重要位置，廉洁修身、廉洁齐家，在管好自己的同时，严格要求配偶、子女和身边工作人员"。习近平总书记提醒大家仔细看一看"家"和"冢"这两个字，指出"它们很像，区别就在于那个'点'摆在什么位置"。领导干部的个人行为是家风建设的重要源头，必须当好家风建设的"主角"。领导干部应认真学习贯彻习近平总书记关于注重家庭家教家风建设的重要论述，自觉带头树立良好家风，教育管理好亲属和身边工作人员，以身作则地引导他们树立遵纪守法、艰苦朴素、自食其力的良好观念，做到廉洁修身、廉洁齐家。

筑生态，积极营造遵守和维护党纪的良好氛围。纪律是党员不可逾越的底线，做到守纪律、不违纪，仅仅是对党员最基本的要求。领导干部应在纪律底线之上，引导广大党员远离违纪红线，树立自律高线。习近平总书记指出，全面从严治党，既要注重规范惩戒、严明纪律底线，更要引导人向善向上，发挥理想信念和道德情操引领作用。"子帅以正，孰敢不正？"一方面，领导干部应明大德、严公德、守私德，重品行、正操守、养心性，通过发挥示范带头作用,上行下效、上率下行,让遵守党的纪律蔚然成风;另一方面,领导干部除了严于律己,还应严负其责、严管所辖,自觉履行好全面从严治党政治责任,无私无畏、旗帜鲜明,发扬斗争精神,积极营造风清气正的遵纪执纪环境,不断培厚良好政治生态的土壤,以"关键少数"带动"绝大多数",巩固发展全面加强党的纪律建设的良好局面。

（来源:《河南日报》,2024 年 7 月 12 日,作者:马丽）

第八章

落实管党治党责任，
强化监督执纪问责

中央纪委要抓紧完善并严格执行责任追究办法，对每一个具体问题都要分清党委负什么责任、有关部门负什么责任、纪委负什么责任，健全责任分解、检查监督、倒查追究的完整链条，有错必究，有责必问。对那些领导不力、不抓不管而导致不正之风长期滋长蔓延，或者屡屡出现重大腐败问题而不制止、不查处、不报告的，无论是党委还是纪委，不管是谁，只要有责任，都要追究责任。

——2014年1月14日，习近平总书记在十八届中央纪律检查委员会第三次全体会议上的讲话

一、全面从严治党永远在路上

2013 年 1 月 22 日，习近平总书记在十八届中央纪律检查委员会第二次全体会议上指出，实现党的十八大确定的各项目标任务，实现"两个一百年"目标，实现中华民族伟大复兴的中国梦，必须把我们党建设好。在新的历史条件下，只有全面从严治党，才能使我们党成为继续推进中国特色社会主义伟大事业的坚强领导核心，为实现中华民族伟大复兴的中国梦提供坚强的领导力量。

形势的发展、事业的开拓、人民的期待，都要求我们党以改革创新精神全面推进党的建设新的伟大工程，全面提高党的建设科学化水平。在新形势下，党面临的执政考验、改革开放考验、市场经济考验、外部环境考验是长期的、复杂的、严峻的。精神懈怠危险、能力不足危险、脱离群众危险、消极腐败危险更加尖锐地摆在全党面前。不断提高党的领导水平和执政水平、提高拒腐防变和抵御风险能力，是党巩固执政地位、实现执政使命必须解决好的重大课题。"在党的建设总体布局中，思想建设是根本，组织建设和制度建设分别提供组织和制度保证。而党的作风建设、反腐倡廉建设是党风廉政建设和反腐败斗争的重要内容，既为党的建设提供纪律和作风保障，又反映党的思想建设、组织建设、制度建设的成效。"①习近平总书记反复强调，必

---

① 赵洪祝：《认真领会习近平总书记关于党风廉政建设和反腐败斗争重要讲话的深刻内涵》，《学习时报》，2014 年 1 月 13 日，第 1 版。

须坚定不移转变作风，坚定不移反对腐败，不断提高党的领导水平和执政水平，提高拒腐防变和抵御风险能力，增强党自我净化、自我完善、自我革新、自我提高能力，始终保持先进性和纯洁性。

党的十八大之后，当时面临最突出的问题就是管党治党失之于宽、失之于松、失之于软的问题，主体责任落实不力，监督责任落实不到位。例如，有的党组织领导不力，缺乏责任担当，没有把党要管党、全面从严治党的政治责任担当起来；有的党员、干部理想信念丧失，在党不为党、在党不信党，讲风水、搞迷信；有的党组织形同摆设、疏于管理、纪律松弛；一些地方长期不查办案件，一查就是窝案；有的领导干部对党的政策阳奉阴违；有的地区一些基层组织处于瘫痪状态。"这些问题解决不好，党的建设就会出大问题。"①由此可见，党要管党、全面从严治党十分紧迫，全面从严治党任重道远。针对新形势、新情况、新问题，党的十八大之后，党中央作出了"打铁还需自身硬"的庄严承诺，立下了全面从严治党的军令状。通过三年来的努力，全面从严治党取得了突出成绩。对此，习近平总书记在第十八届中央纪律检查委员会第六次全体会议上进行了总结。他指出，党的十八大以来，我们党着眼于新的形势任务，把全面从严治党纳入"四个全面"战略布局，把党风廉政建设和反腐败斗争作为全面从严治党的重要内容，正风肃纪，反腐惩恶，着力构建不敢腐、不能腐、不想腐的体制机制。中央纪委贯彻党中央决策部署，遵循党章规定，聚焦中心任务，推动党风廉政建设和反腐败斗争取得新的重大成效。我们严明党的政治纪律、夯实管党治党责任，创新体制机制、扎牢制度笼子，持之以恒纠正"四风"、党风民风向善向上，强化党内监督、发挥巡视利剑作用，严惩腐败分子、加强追逃追赃工作。三年来，我们着力解决管党治党失之于宽、失之于松、失之于软的问题，使不敢腐的震慑作用充分

---

① 中共中央纪律检查委员会、中共中央文献研究室编：《习近平关于严明党的纪律和规矩论述摘编》，中央文献出版社、中国方正出版社，2016年，第117~118页。

发挥，不能腐、不想腐的效应初步显现，反腐败斗争压倒性态势已经形成。^①

在成绩面前，我们也需要清醒地认识到，如期实现全面建成小康社会的重大任务摆在全党面前。夺取全面建成小康社会决胜阶段的伟大胜利，关键在党。全面从严治党永远在路上。

二、敢抓敢管，切实把主体责任担起来

2014年1月14日，习近平总书记在十八届中央纪律检查委员会第三次全体会议上曾表示，决不允许出现底下问题成串、为官麻木不仁的现象！不能事不关己、高高挂起，更不能明哲保身。自己做了好人，但把党和人民事业放到什么位置上了？如果一个地方腐败问题严重，有关责任人装糊涂、当好人，那就不是党和人民需要的好人！你在消极腐败现象面前当好人，在党和人民面前就当不成好人，二者不可兼得。

2015年，中央纪委第五次全会公报中指出："坚决克服不想监督、不敢监督、不作为、乱作为问题，对尸位素餐、碌碌无为的干部，该撤换的撤换、该调整的调整。对不敢抓、不敢管，监督责任缺位的坚决问责。"这既是对纪检干部的要求，也是对广大领导干部的警示。因此，党的各级组织要自觉担负起执行和维护党的纪律的责任，要敢抓敢管，使纪律真正成为带电的高压线。对于各级领导干部，特别是班子中的"班长"，要狠抓组织建设和纪律建设，要不怕得罪人，敢抓敢管敢批评，切实加强管理和教育。

2016年1月，习近平总书记在十八届中央纪委第六次全体会议上指出，标本兼治，净化政治生态。各级领导干部特别是高级干部要从自身做起，廉洁用权，做遵纪守法的模范，同时要坚持原则、敢抓敢管。

---

① 《习近平在十八届中央纪委六次全会上发表重要讲话强调坚持全面从严治党依规治党创新体制机制强化党内监督》，《人民日报》，2016年1月13日，第1版。

关于党委负主体责任，习近平总书记强调："党委能否落实好主体责任直接关系到党风廉政建设成效。"党委的主体责任，"主要是加强领导，选好用好干部，防止出现选人用人上的不正之风和腐败问题；坚决纠正损害群众利益的行为；强化对权力运行的制约和监督，从源头上防治腐败；领导和支持执纪执法机关查处违纪违法问题；党委主要负责同志要管好班子，带好队伍，管好自己，当好廉洁从政的表率"。

关于纪委负监督责任，习近平总书记指出："各级纪委要履行好监督责任，既协助党委加强党风建设和组织协调反腐败工作，又督促检查相关部门落实惩治和预防腐败工作任务，经常进行检查监督，严肃查处腐败问题。"他反复强调要细化责任、以上率下，层层传导压力，级级落实责任。

2016年1月，习近平总书记在十八届中央纪委第六次全体会议上指出，全面从严治党首先要尊崇党章。各级党委和纪委要首先加强对维护党章、执行党的路线方针政策和决议情况的监督检查，确保党的集中统一，保证党中央政令畅通。习近平总书记强调，各级纪委要全面履行党章赋予的职责，带头尊崇党章，把维护党章和其他党内法规作为首要任务，加强对遵守党章、执行党纪情况的监督检查，严肃查处违反党章党规党纪的行为，坚决维护党章权威，做党章的坚定执行者和忠实捍卫者。

权力就是责任，责任就要担当。在管党治党的最前沿，能不能经受住各种压力和诱惑的考验，履行好党和人民赋予的职责，关键看自身政治定力。唯有坚定理想信念，砥砺坚强党性，以党章为行为准则，同党中央保持高度一致，才能筑牢思想防线，站稳政治立场，练就不坏之身。

习近平总书记一再强调，"打铁还须自身硬"。监督别人，首先要自身过硬。"己不正，焉能正人？"纪检监察机关是党内监督的专责机关，承担着监督执纪问责的重要职责。这就决定了对纪检监察机关应该有更高的标准，更严的要求，正可谓"善禁者，先禁其身而后人"。纪检监察干部的素质、能力和作风，直接关系到党风廉政建设和反腐败斗争的成效。党风廉政建设和反腐败斗争越深入、越发展，对纪检监察机关自身建设的要求就越高；面临的形势越严峻、越复杂，纪检监察机关加强自身建设的任务就越紧迫。党的十八大以来，各级纪检监察机关贯彻落实党中央要求，聚焦中心任务，深入推进转职能、转方式、转作风，切实履行监督执纪问责职能，深化党的纪律检查体制改革，推动落实党风廉政建设主体责任和监督责任，很好地完成了党中央交给的各项任务。把加强自身建设摆在更加重要的位置，坚持从严管理、从严监督，防止"灯下黑"。建立纪检监察干部监督机构，加强日常教育管理，强化自身监督。严肃查处违反中央八项规定精神问题，点名道姓、通报曝光。以零容忍态度清除害群之马，教育了干部，纯洁了队伍。对此，广大干部群众给予充分肯定。

有权必有责，责任要担当。维护党纪、惩治腐败是纪检监察机关的职责所在。工作的特殊性和重要性决定，纪检监察干部如果怕得罪人，工作必定难以开展，更难有成效。只有切实把责任担起来，敢于监督、敢于负责，坚决高举反腐利剑，做到有案必查，有贪必肃，无禁区、全覆盖、零容忍，才能形成强大震慑，牢牢把握工作主动权。

收指成拳，才能打出力道；凝心聚力，方能无坚不摧。围绕中心任务，集中力量正风肃纪，是党的十八大以来纪检监察工作取得丰硕成果的一条重要经验。深化转职能、转方式、转作风，把主要精力进一步聚焦到党风廉政建设和反腐败斗争这个主业上来，强化监督执纪问责，解决职能越位、错位、不到位问题。用好这条经验，扩大工作成果，增强纪检工作针对性，就会推动反腐倡廉工作取得新成效。

实现"打铁必须自身硬"，依然任重道远。纪检监察干部是党的忠诚卫士，要忠于职守、秉公执纪。但是纪检监察机关不是保险箱，纪检监察干部也不是生活在真空里，党员干部存在的问题，我们的队伍同样存在。有的领导干部因年届退休，被安排在纪检岗位，只想着平稳着陆；有的干部不敢担当，遇到问题绕着走，不想干、不作为；有的干部能力不足、作风漂浮虚躁，不去打听"张家长、李家短"，监督缺失；有的派驻干部认为，与驻在部门领导班子一座楼里办公、一个锅里吃饭，抹不开面子，对监督畏首畏尾；有的人办案不行，"抹案子"却很有办法。更为严重的是，有的人在问题线索清理、处置和查办案件过程中，严重违反政治纪律、组织纪律、工作纪律，擅作取舍、选择性办案，甚至胆大妄为，跑风漏气，办人情案、关系案、金钱案。这些人利用党和人民赋予的权力以案谋私，必须发现一起查处一起，决不姑息。

总之，管党治党关系党的安危存亡，关系国家长治久安。各级纪检监察机关和广大纪检监察干部应深入领会习近平总书记重要讲话精神，扎实工作、锐意进取，做刚正不阿、秉公执纪、敢于亮剑的党的事业"忠诚卫士"，以坦荡胸襟、浩然正气、责任担当决战决胜，不断夺取管党治党新的更大胜利。

三、强化监督执纪，加大问责力度

对全面从严治党主体责任的强调，体现了主体责任在全面从严治党中的龙头作用，体现了党委在全面从严治党中的总管地位，但并不是说纪委在全面从严治党中就无事可干了。恰恰相反，越是强调党委的主体责任，越是对纪委工作提出了更高、更严的要求。2015年10月8日，习近平总书记在十八届中央政治局常委会第一百一十九次会议关于审议中国共产党廉政准则、纪律处分条例修订稿时指出："监督执纪问责是党章赋予纪律检查机关的根本职责。各级纪委要找准在全面从严治党中的职能定位，强化监督执纪，加大问责力度。"[①]他在十八届中央纪律检查委员会第六次全体会议上再

---

① 中共中央纪律检查委员会、中共中央文献研究室编：《习近平关于严明党的纪律和规矩论述摘编》，中央文献出版社、中国方正出版社，2016年，第126页。

次强调："纪委是党内监督的专门机关，是管党治党的重要力量。各级党委要加强领导，旗帜鲜明支持纪委开展工作。各级纪委要全面履行党章赋予的职责，带头尊崇党章，把维护党章和其他党内法规作为首要任务，加强对遵守党章、执行党纪情况的监督检查，严肃查处违反党章党规党纪的行为，坚决维护党章权威，做党章的坚定执行者和忠实捍卫者。各级纪委要以更高的标准、更严的纪律要求纪检监察干部，保持队伍纯洁，努力建设一支忠诚、干净、担当的纪检监察队伍。"①

落实监督责任是由纪委的地位和作用决定的。党章对纪律检查机关的地位、设置和任务作了明确规定，把执纪监督作为纪律检查机关的重要职责。在不同历史时期，虽然纪律检查机关的主要任务和工作重点有所不同，但最根本的职责始终是执纪监督。落实全面从严治党责任制，纪委负监督责任，是改革党的纪检体制、维护党的执政安全的必然要求，是新一届中央领导集体从战略和全局的高度，对纪委的地位和作用作出的清晰定位，提出的明确要求，对于指导各级纪委全面履行党章赋予的职责使命具有重大意义。

落实监督责任是坚决遏制腐败蔓延势头的现实要求。当前，反腐败形势依然严峻复杂，对惩治和预防腐败提出了更高的要求。特别是在强化党委主体责任、加强上级纪委领导等有利条件下，纪委回归主业主责，明确职能定位，将逐渐告别"种了别人的地，荒了自己的田"的尴尬，走出"既是全能纪委，又是失能纪委"的悖论。而纪委能否把刹风整纪作为最基础、最根本的"首职要责"，始终保持打击贪腐的高压态势，亦将成为衡量纪检体制改革得失成败的试金石。

落实监督责任是保证党委主体责任落到实处的客观需要。落实全面从严治党责任制，党委主体责任是前提，纪委监督责任是保障，两者相互依存、

---

① 《习近平在十八届中央纪委六次全会上发表重要讲话强调坚持全面从严治党依规治党创新体制机制强化党内监督》，《人民日报》，2016年1月13日，第1版。

相互促进。实践证明，纪委监督主体意识越强，查办违纪违法案件越坚决有力，党委关于全面从严治党的决策部署和工作安排就越能落到实处，主体责任就越能落实到位。反之，纪委监督主体错位、缺位、不到位，监督措施软弱乏力，党委落实主体责任就必然受到不良影响。纪律检查机关要深刻认识落实监督责任的重要性和必要性，既不能以监督责任代替主体责任，也不能只强调主体责任而推卸、弱化监督责任。纪检监察机关应进一步转职能、转方式、转作风，聚焦主业，突出主责，通过加强纪律建设、查办案件、作风建设，全面落实监督责任，协助和推动党委主体责任落实，实现"两个责任"良性互动、共同发力。

落实纪委监督责任，必须分清主次、突出重点，履行党章赋予的执纪、监督、问责职责。三者相互联系、相互作用、浑然一体、自然一脉，既是党的纪检机关的三项"基本功"，也是其基本职权和核心能力。

四、用好巡视这把反腐"利剑"

2015 年 8 月 3 日，中共中央颁布实施修订的《中国共产党巡视工作条例》（以下简称"巡视工作条例"），是党内监督之利器，是落实全面从严治党、依规依纪管党建设党的有力制度保障。

习近平总书记指出："巡视是党章赋予的重要职责，是加强党的建设的重要举措，是从严治党、维护党纪的重要手段，是加强党内监督的重要形式。"这"四个重要"的概括，第一次清楚地指明了巡视对于加强党的建设、全面从严治党、维护党纪、加强党内监督所起的重要作用，不仅为巡视工作指明了方向，而且为反腐倡廉找到了重要抓手。

习近平总书记强调："巡视作为党内监督的战略性制度安排，不是权宜之计，要用好巡视这把反腐'利剑'。"他就巡视工作的职责定位明确指出："巡视工作就是要发现和反映问题。""巡视组要当好中央的'千里眼'，找出

'老虎'、'苍蝇'，抓住违纪违法问题线索。"他强调："要发挥巡视遏制作用"，"要切实运用好巡视成果"。他特别强调：要抓好工作创新，"推动巡视内容、方式方法、制度建设等方面与时俱进，完善工作机制，增强巡视工作的针对性、实效性"。

第一，党委履行巡视工作主体责任，改进巡视工作领导体制。落实全面从严治党要求，各级党委应承担主体责任，做好巡视工作是落实主体责任的具体化。为进一步督促落实主体责任，巡视工作条例明确规定"开展巡视工作的党组织承担巡视工作的主体责任"，强调"派出巡视组的党组织应当及时听取巡视工作领导小组有关情况汇报，研究并决定巡视成果的运用"，并将"派出巡视组的党组织领导巡视工作不力，发生严重问题的"纳入责任追究范围。这些具体要求，使党委组织领导巡视工作有了明确规范和制度保障。巡视工作条例改进了巡视工作领导体制，明确要求"中央巡视工作领导小组应当加强对省、自治区、直辖市巡视工作的领导"。这一规定，将中央巡视工作领导小组对省区市巡视工作原"指导"关系改变为"领导"关系，是巡视领导体制和工作机制的重大创新，为中央巡视工作领导小组督促省区市党委巡视机构落实巡视工作主体责任和监督责任、执行中央单位巡视工作的决策部署、按照中央要求加强和改进巡视工作提供了法规依据。在此基础上，巡视工作条例对加强巡视机构建设也提出了具体措施。一是针对省区市党委巡视工作领导小组设置不统一、工作不规范的实际，规定"巡视工作领导小组组长由同级党的纪律检查委员会书记担任，副组长一般由同级党委组织部部长担任"，同时对领导小组工作职责作出新的规范；二是为解决省区市巡视办的级别不统一、设置比较混乱、职能发挥不到位等问题，规定"省、自治区、直辖市党委巡视工作领导小组办公室为党委工作部门，设在同级党的纪律检查委员会"，同时赋予巡视办"统筹、协调、指导巡视组开展工作"的职责；三是落实组长不固定、一次一授权要求，强调"巡视组组长根据每次巡视任务确定并授权"。这些规定充分体现了中央对巡视机构建设的部署要求，符合巡视工作实际，使巡视工作的组织基础更加坚实。

第二，落实巡视全覆盖，聚焦"一个中心"，围绕"四个着力"。巡视工作条例认真贯彻党的十八届三中全会精神，对落实巡视全覆盖要求作出具体规定。一是在"总则"中，将"对所管理的地方、部门、企事业单位党组织进行巡视监督，实现巡视全覆盖、全国一盘棋"作为中央和省区市党委及巡视机构总的目标和任务。二是按照全覆盖要求，对巡视对象和范围作了重新界定，在中央巡视组对省区市四套班子开展巡视的基础上，将"省、自治区、直辖市高级人民法院、人民检察院党组主要负责人，副省级城市党委和人大常委会、政府、政协委员会党组主要负责人"及"中央部委领导班子及其成员，中央国家机关、人民团体党组（党委）领导班子及其成员；中央管理的国有重要骨干企业、金融企业、事业单位党委（党组）领导班子及其成员"纳入中央巡视范围，对省一级巡视对象和范围也作了相应规范。三是为保障实现全覆盖，切实加快巡视进度和节奏，增强巡视威慑力，规定"派出巡视组的党组织可以根据工作需要，针对所辖地方、部门、企事业单位的重点人、重点事、重点问题或巡视整改情况，开展机动灵活的专项巡视"，巡视方式与全覆盖要求相适应。聚焦"一个中心"、围绕"四个着力"，是党的十八大以来党中央加强和改进巡视工作一系列重大决策中最核心的内容，也是巡视工作取得明显成效的关键所在。巡视工作条例规定"巡视组对巡视对象执行《中国共产党章程》和其他党内法规，遵守党的纪律，落实党风廉政建设主体责任和监督责任等情况进行监督"，并围绕党的政治纪律、组织纪律、廉洁纪律、群众纪律、工作纪律、生活纪律对"四个着力"监督内容作出了新的概括。这样规定，体现并要求巡视工作必须始终聚焦党风廉政建设和反腐败斗争这个中心，既解决了巡视内容过于宽泛的问题，又做到严格用纪律衡量和规范党员干部行为，同时也与正在修订的《中国共产党纪律处分条例》相衔接。

第三，拓宽巡视发现问题途径，巡视情况"双反馈"、整改"双报告"。巡视工作条例从有利于发现问题、形成震慑出发，将党的十八大以来一些行之有效的创新做法充实进来，增加了"抽查核实领导干部报告个人有关事项的情况""向有关知情人询问情况""开展专项检查"等方式，对原条例规定的受理信访、到有关地方（单位）或部门了解情况、提请有关单位协助等三种方式进行了修改，并增加了"派出巡视组的党组织批准的其他方式"这一授权性条款，这些规定进一步拓宽了巡视发现问题的途径。需要特别指出的是，工作方式的改进，为巡视发现问题提供了有力武器，同时也意味着赋予了巡视工作更大权限，严格依纪依规开展巡视就显得更为重要。为此，条例规定巡视组"依靠被巡视党组织开展工作，不干预被巡视地区（单位）的正常工作，不履行执纪审查的职责"，"严格执行请示报告制度，对巡视工作中的重要情况和重大问题要及时向巡视工作领导小组请示报告"，并将"工作中超越权限，造成不良后果"列为对巡视工作人员责任追究的情形。巡视工作条例按照中央要求，总结实践经验，对成果运用要求更严格、规定更具体：一是明确派出巡视组的党组织职责。规定"派出巡视组的党组织应当及时听取巡视工作领导小组有关情况汇报，研究并决定巡视成果的运用"。二是实行巡视情况"双反馈"。明确"经派出巡视组的党组织同意后，巡视组应当及时向被巡视党组织领导班子和主要负责人分别反馈巡视情况，指出问题，有针对性地提出整改意见"。三是规定整改情况"双报告"。要求"被巡视党组织收到巡视组反馈意见后，应当认真整改落实，两个月内将整改情况报告和主要负责人组织落实情况报告，报送巡视工作领导小组办公室"。四是赋予巡视机构督办职责。强调"巡视工作领导小组办公室应当会同巡视组采取适当方式，了解和督促被巡视地区（单位）整改落实工作并向巡视工作领导小组报告"。五是强化党员、干部和群众监督。提出"巡视进驻、反馈、整改等情况，应当以适当方式公开，接受党员、干部和人民群众监督"。

第四，对于在巡视中发现问题的解决，不可能完全在短时期内实现，也不可能仅仅依靠巡视组去研究应对。巡视组要依托被巡视单位对本地区本部门工作的深入了解，结合全局的视野和宏观的统筹，提出有效解决问题的举措。要针对巡视成果运用中存在的机制不够健全、督促整改力度不够大等问题，认真研究加强和改进的措施。要认真整理在巡视中了解和掌握的情况，抓好巡视情况的综合分析，提出有价值的意见和建议。要继续抓好巡视情况的综合分析，总结归纳出一些带有共性和倾向性的问题，寻求体制机制制度上的解决之道。对在巡视中了解掌握的案件线索，要根据问题性质、工作职责和轻重缓急等情况进行分类整理，及时移交有关部门进行有针对性的处理。通过搞好巡视反馈、开展巡视回访等，督促被巡视地方和单位制定整改方案、明确整改时限、抓好整改落实。对于发现的问题，必要时可听取被巡视地方和单位专题汇报，也可利用巡视间隙开展专项检查，共同发现解决办法。

第五，要完善督促整改的工作机制。如何保证被巡视单位能够把巡视提出的整改意见及时整改，如果不认真落实，或者敷衍了事怎么办？这个问题事关巡视工作能否达到最终目的，也影响着巡视的权威性。要定期对整改落实情况进行监督检查，接受广大干部群众的监督，督促被巡视地方和单位健全制度、改进工作。对于整改不及时、措施不到位的，要加大督查力度。要督促被巡视地方和单位把巡视成果运用到干部考核和选拔任用工作中去，作为领导干部业绩评定、奖励惩处和选拔任用的重要参考。被巡视地区、单位要在两个月内向中央巡视工作领导小组报告整改落实情况。巡视工作领导小组办公室要进行跟踪了解、督查督办，及时促请被巡视党组织及其主要负责人按时报送整改情况，并配合巡视组进行认真审核，对整改事项不完整、措施不到位、效果不明显的，要提出进一步整改的要求。如果仍不按要求整改，特别是因落实不认真、成果运用不到位又发生重大问题的，根据巡视工作有关规定，要严肃追究责任。

参考阅读

强化全面从严治党主体责任和监督责任

全面从严治党是党永葆生机活力、走好新的赶考之路的必由之路。在二十届中央纪委四次全会上，习近平总书记对深入推进全面从严治党作出战略部署，明确"要强化全面从严治党主体责任和监督责任"。这一重要指示要求，为深入推进全面从严治党、党风廉政建设和反腐败斗争指明了前进方向、提供了重要遵循。前进道路上，要切实强化全面从严治党主体责任和监督责任，坚持用改革精神和严的标准管党治党，推动全面从严治党不断取得新成效。

——

办好中国的事情，关键在党、关键在全面从严治党。要把全面从严治党各项要求不折不扣落实到位，必须不断强化主体责任和监督责任。

一是党章赋予的重要职责。党章是我们立党、治党、管党的总章程。早在党的八大通过的党章中，就明确把"同一切违法乱纪、贪污浪费和官僚主义的现象进行斗争"作为基层组织的任务。进入新时代，党的十八届三中全会提出"落实党风廉政建设责任制，党委负主体责任，纪委负监督责任"，这是在党的历史上首次以中央决定的形式明确区分党委的主体责任和纪委的监督责任。党的十九大通过的党章规定"强化管党治党主体责任和监督责任"，党的二十大通过的党章修正案又进一步修改为"强化全面从严治党主体责任和监督责任"。这不只是字面上的变化，更是实践的发展、认识的深化，彰显了我们党坚定不移纵深推进全面从严治党的决心意志。

二是新时代全面从严治党的宝贵经验。全面从严治党是新时代党的自我革命的伟大实践，是新时代党的建设的鲜明主题。新时代以来，以习近平同志为核心的党中央把全面从严治党纳入"四个全面"战略布局，以自我革命的高度自觉和"得罪千百人，不负十四亿"的使命担当，坚持有腐必反、有贪必肃，开展了史无前例的反腐败斗争，一体推进不敢腐、不能腐、不想腐，"打虎""拍蝇""猎狐"多管齐下，不断纯洁干部队伍，维护了党的形象，巩固了红色江山，赢得了确保党不变质、不变色、不变味的历史主动，赢得了党团结带领全体人民为强国建设、民族复兴伟业共同奋斗的历史主动。

三是新征程上推动全面从严治党取得新成效的必然抉择。当前反腐败斗争形势仍然严峻复杂，腐败存量尚未清除，增量还在持续发生，铲除腐败滋生土壤和条件任务仍然艰巨繁重。新征程上，只有强化全面从严治党主体责任和监督责任，压紧压实管党治党责任链条，推动管党治党真正严起来、紧起来、实起来，才能打好反腐败斗争攻坚战、持久战、总体战，以全面从严治党新成效为推进中国式现代化提供坚强保障。

二

知责明责，方能守责负责。强化全面从严治党主体责任和监督责任，必须夯实知责明责的思想根基，进而激发担责守责的意识、落实履责尽责的行动。

一是党委要主动抓主动管。党要管党，首先是党委要管、党委书记要管。从各级党委（党组）直至基层党支部，要全方位压紧压实全面从严治党主体责任，层层传导压力，不容有丝毫懈怠，更不能放弃责任、一推了之。落实主体责任，关键是把党的领导落到实处。各级党组织要牢固树立不管党治党就是严重失职的观念，在工作的方方面面体现党的领导，把党的领导体现到日常管理监督中，敢于较真、注重日常，抓早抓小、防微杜渐，体现组织严格要求和关心爱护，决不能坐看自己的同志在错误的道路上越滑越远。党委书记要当好第一责任人，把抓好党建当作分内之事、必须担当的职责，在规范党内政治生活、落实党内监督责任上当模范、作表率，推动党建责任落实落地。

二是纪委监委专责监督。各级纪委是党内监督专责机关,是管党治党的重要力量,履行监督执纪问责职责。必须聚焦主责、干好主业,找准在全面从严治党中的职能定位,担负起监督责任。同时,打铁必须自身硬,监督别人的人首先要监管好自己。各级纪委必须强化自我监督,自觉接受党内和社会监督,树起严格自律的标杆,打造忠诚干净担当、敢于善于斗争的纪检监察铁军。

三是各责任主体都要知责担责履责。全面从严治党是全党的共同责任,必须依靠全党共同努力来实现。党的工作部门是党委(党组)主体责任在不同领域的载体和抓手,也要做好职责范围内的党内监督工作,既要加强对本机关本单位的内部监督,又要强化对本系统的日常监督。党委(党组)领导班子其他成员要根据工作分工对职责范围内的全面从严治党工作负重要领导责任,按照"一岗双责"要求,领导、检查、督促分管部门和单位全面从严治党工作。

三

当前,我国正处于以中国式现代化全面推进强国建设、民族复兴伟业的关键时期,对全面从严治党提出了新的更高要求。只有强化全面从严治党主体责任和监督责任,才能确保党始终成为中国特色社会主义事业的坚强领导核心,推动中国式现代化行稳致远。

一是增强管党治党责任感使命感。全面从严治党是我们党立下的军令状,没有哪个党组织和领导干部可以置身事外。决不能简单地把全面从严治党局限于监督执纪、审查调查等具体行为,而要站在事关党长期执政、国家长治久安、人民幸福安康的高度,进一步增强履行全面从严治党主体责任的思想自觉、政治自觉、行动自觉,切实把工作谋划好、职责担起来。要一级示范给一级看、一级带领着一级干,无私无畏、旗帜鲜明,敢于斗争、善于斗争,推动主体责任和监督责任一贯到底,巩固发展全党动手一起抓党建的良好局面。

二是优化责任落实考评机制。"刑赏之本,在乎劝善而惩恶。"要健全责任分解、检查监督、倒查追究的完整链条,对全面从严治党发生的每一个具体问题都要分清党委、职能部门、纪委各自负什么责任,做到责任清晰。要用好考核"指挥棒",建立健全落实全面从严治党主体责任考核制度,在考核工作中了解全面从严治党主体责任落实情况,并优化考核结果导向和运用,对落实责任到点到位的和缺位错位的,做到奖惩分明。要精准科学问责,对于履行管党治党责任不严不实的单位和个人,严格按照党章党规要求,严肃查处直接责任人,严肃追究相关领导人员责任,让大家心服口服,做到问责一个、警醒一片。要把监督检查、目标考核、责任追究有机结合起来,层层传导压力,以责任主体到位、责任要求到位、考核问责到位,推动管党治党责任落实到位。

善于运用系统思维和科学方法。我们党作为长期执政的马克思主义政党和世界上第一大政党,党的远大目标和历史使命,党的队伍的庞大规模和广泛分布,党面临的重大风险和严峻挑战,都决定必须整体地而不是局部地、系统地而不是零碎地、持久地而不是短暂地、高标准地而不是一般化地全面从严治党。要以系统观念统筹谋划,推进管党治党内容上全涵盖、对象上全覆盖、责任上全链条、制度上全贯通,进一步健全上下贯通、执行有力的组织体系,健全固本培元、凝心铸魂的教育体系,健全精准发力、标本兼治的监管体系,健全科学完备、有效管用的制度体系,以及健全主体明确、要求清晰的责任体系。要以重点突破带动整体推进,以"两个责任"抓纲带目,推动党委(党组)主体责任、职能部门监管责任、纪委(纪检组)监督责任同向发力,健全各负其责、统一协调的管党治党责任格局。

(来源:中国共产党新闻网,2025年2月17日,作者:王明哲、董永在)

第九章

使党的纪律真正成为带电的高压线

制定纪律就是要执行的。『不以规矩，不能成方圆』『木受绳则直，金就砺则利』，讲的就是这个道理。党的规矩，党组织和党员、干部必须遵照执行，不能搞特殊、有例外。各级党组织要敢抓敢管，使纪律真正成为带电的高压线。

——2014年1月14日，习近平总书记在十八届中央纪委三次全会上的讲话

党的二十大报告明确强调,坚持以严的基调强化正风肃纪,对纪律建设提出了更加明确、更加清晰的任务和要求。新时代新征程加强党的纪律建设,必须重点强化政治纪律和组织纪律,带动廉洁纪律、群众纪律、工作纪律、生活纪律严起来,落实好这六个方面的具体任务,使党的各项纪律全面严起来。

一、严明党的政治纪律

党的政治建设是党的根本性建设,决定党的建设方向和效果。政治纪律,顾名思义就是关于党的政治建设的纪律,是围绕政治建设开展、为政治建设服务的。严明党的纪律,首要的就是严明政治纪律。习近平总书记明确指出:"党的纪律是多方面的,但政治纪律是最重要、最根本、最关键的纪律,遵守党的政治纪律是遵守党的全部纪律的重要基础。"新时代新征程加强党的纪律建设,必须把严明政治纪律摆在首位,引导、规范、约束各级党组织和全体党员增强政治意识、坚定政治信仰、把准政治方向、坚持政治领导、站稳政治立场、净化政治生态、防范政治风险、永葆政治本色、提高政治能力,实现党的政治性与纪律性的有机统一和高度融合。

(一)坚决维护党中央权威和集中统一领导

维护党中央权威和集中统一领导,是马克思主义政党的重大建党原则,是我们党带领人民取得革命、建设和改革事业成功的宝贵经验,是全体共产党人必须遵循的最高政治原则和根本政治要求。恩格斯指出:"联合活动就是组织起来，而没有权威能够组织起来吗？”“没有权威，就不可能有任何的一致行动。”在总结巴黎公社失败的原因时恩格斯指出：“巴黎公社遭到灭亡，就是由于缺乏集中和权威。”邓小平强调：“中央要有权威。改革要成功，就必须有领导有秩序地进行。没有这一条，就是乱哄哄，各行其是。”习近平总书记指出：“党的历史、新中国发展的历史都告诉我们：要治理好我们这个大党、治理好我们这个大国，保证党的团结和集中统一至关重要，维护党中央权威至关重要。”这不是一般性问题，而是方向性、原则性问题，是关系党和国家前途命运的政治大局。作为一个拥有9800多万名党员、在14亿多人口国家执政的党，如果党中央缺乏权威，没有强大的统一领导力，那么这个党将会是一盘散沙，也必定难以长期执政。习近平总书记明确指出：“遵守政治纪律，最核心的就是坚持党的领导，同党中央保持高度一致，自觉维护党中央权威，知敬畏、存戒惧、守底线，做到‘五个必须’、防止‘七个有之’，自觉做政治上的明白人。”

一要坚定拥护“两个确立”、坚决做到“两个维护”。严明党的政治纪律，最重要的是坚决维护党中央权威和集中统一领导；坚决维护党中央权威和集中统一领导，最关键的是坚定拥护“两个确立”，坚决做到“两个维护”。新时代新征程，我们必须深刻领悟“两个确立”的决定性意义，把握新时代新征程党的中心任务，坚定不移把“两个确立”真正转化为坚决做到“两个维护”的思想自觉、政治自觉、行动自觉，为全面建成社会主义现代化强国、全面推进中华民族伟大复兴提供根本政治保证。

二要健全党中央对重大工作的领导体制。党的中央委员会、中央政治局、中央政治局常委会是党的最高领导核心，领导党的全部工作，是全党的大脑和中枢。要坚持总揽全局、协调各方的基本原则，加强党中央对涉及党和国家事业全局的重大工作的集中统一领导，设置和完善重要领域的中央决策议事协调机构，推动顶层设计、总体布局和统筹协调。强化党的组织在同级组织中的领导地位,健全党领导国家权力机关、行政机关、监察机关、司法机关和各类经济组织、社会组织的制度机制。根据形势和任务需要,科学设置党和国家机构,优化职能配置。

三要推动党的路线、方针、政策和重大决策贯彻落实。党中央制定的路线方针政策、作出的决策部署,是在民主基础上集中全党智慧作出的,所有党组织和全体党员都必须不折不扣地贯彻落实。要坚决反对和制止各行其是、各自为政的"山头主义",拒不执行党中央确定的大政方针,甚至背着党中央另搞一套的行为;要坚决反对贯彻党中央决策部署只表态不落实,或者落实党中央决策部署不坚决,有令不行、有禁不止,搞"上有政策、下有对策",打折扣、做选择、搞变通的行为。完善推动党中央重大决策落实的机制,制定责任清单,加强定期督导检查和问责。

四要严格执行向党中央请示报告制度。要严格按照党章党规特别是《中国共产党重大事项请示报告条例》的规定,坚持权责明晰、授权有限,该请示的必须请示,该报告的必须报告;坚持规范有序,严格按照党章党规规定的主体、范围、程序和方式开展重大事项请示报告工作。同时,要把请示报告和履职尽责统一起来,该负责的必须负责,该担当的必须担当。请示报告必须做到实事求是、真实全面、及时高效,既报喜又报忧、既报功又报过、既报结果又报过程,坚决避免虚报浮夸、弄虚作假,掩盖问题、粉饰太平,华而不实、欺上瞒下。

(二)增强党的意识,对党忠诚老实

对党忠诚是党员最重要的政治品格。党员对党忠诚,不是抽象的而是具体的,不是有条件的而是无条件的,体现在忠诚于党的信仰、忠诚于党的组织、忠诚于党的事业和党的理论路线方针政策。新修订的《中国共产党纪律处分条例》第五十八条规定:对党不忠诚不老实,表里不一,阳奉阴违,欺

上瞒下，搞两面派，做两面人，在政治上造成不良影响的，给予警告或者严重警告处分；情节较重的，给予撤销党内职务或者留党察看处分；情节严重的，给予开除党籍处分。

一要增强党的意识，做到政治忠诚。对于任何党员来说，无论在什么部门工作、担任什么职务，都必须始终牢记自己的第一身份是党员，第一职责是为党工作，做到忠诚于组织，任何时候都与党同心同德。要牢记政治身份，提高政治站位，坚守政治定力，增强政治觉悟，善于从政治高度认识、判断和分析问题，以政治标准和政治要求规范自己的言行，始终做到政治信仰不变色、政治立场不动摇、政治方向不偏移，不断增强政治敏锐性和政治鉴别力，在大是大非面前要保持清醒的政治头脑，遇到问题要挺身而出、亮明态度、坚决斗争，不能态度暧昧，不能动摇基本政治立场，不能被错误言论所左右，自觉做政治上的明白人。

二要坚定理想信念，做到思想忠诚。政治上的坚定源于理论上的清醒，理论素质的高低决定党员干部政治水平的高低。只有思想上弄通了理论上清醒了，才会自觉接受理论、拥护理论，把这种理论当成信仰；只有理论成了信仰，政治上才会更坚定，行动上才会更自觉。党员干部要自觉加强理论学习，把坚定理想信念作为立根铸魂、固本培元的基础性工程，把马克思主义理论作为必修课，深入学习领会习近平新时代中国特色社会主义思想，用党的创新理论武装头脑、指导实践、推动工作。要坚定"四个自信"，积极宣传党的历史、理论和路线方针政策，对意识形态领域的各种错误思潮、模糊认识、不良现象要敢于亮剑、坚决斗争，自觉抵制庸俗腐朽政治文化的侵蚀，做"斗士"不做"绅士"，筑牢对党绝对忠诚的思想根基。

三要注重实际表现，做到行动忠诚。实践是检验真理的唯一标准，也是检验党员是否真正对党忠诚的"试金石"。党员干部对党忠诚不能靠说大话、喊口号，不能台上讲一套、台下做一套，当面一套、背后一套，而是要通过具体行动体现出来,自觉把讲政治、铸忠诚融入自己的工作和生活。无论是对待组织、对待工作还是对待同志,都要始终做到忠诚老实、光明磊落,表里如一、言行一致,胸怀坦荡、公道正派,说老实话、办老实事、做老实人,如实向党组织反映和报告情况,决不搞阳奉阴违、欺上瞒下,决不当两面派、做两面人。

(三)坚决反对非组织活动,维护党的团结统一

维护党的团结统一是马克思主义政党的建党原则,也是中国共产党的优良传统和独特优势。"维护党的团结和统一"是党章规定的每一名党员必须履行的义务。党章明确规定:"坚决反对一切派别组织和小集团活动。"《关于新形势下党内政治生活的若干准则》规定:"党员、干部特别是高级干部不准在党内搞小山头、小圈子、小团伙,严禁在党内拉私人关系、培植个人势力、结成利益集团。"这里所说的"派别组织""小集团活动""搞小山头、小圈子、小团伙"和"结成利益集团"等,本质上都是分裂党、破坏党的团结统一的非组织活动,是严重违背政治纪律和政治规矩的行为。我们党的历史已经充分证明全党团结统一的重要性。党的十八大以来,一系列因为领导干部落马牵出的窝案、串案,甚至一些地方或部门出现的塌方式腐败,都与大大小小的"圈子"和"团伙"有关。习近平总书记明确指出,"党内决不能搞封建依附那一套,决不能搞小山头、小圈子、小团伙那一套,决不能搞门客、门宦、门附那一套"。

一要严格监督执纪,严厉惩治各类非组织活动。加强日常监督,及时发现和处理党内存在的拉关系、走后门,"拜码头""搭天线",攀高枝、找靠山等非组织活动。对于存在拉帮结派、团团伙伙、排除异己和权钱交易等违纪行为的党员干部,要坚持原则,敢于动真碰硬,按照全面从严治党、依规治党的要求,严肃查办处理。加大对窝案串案的惩治力度,不管涉及谁,不论职位

高低，一经发现坚决一查到底，绝不姑息。

二要坚持五湖四海、任人唯贤。党员干部特别是领导干部，在处理党内关系时应该坚持五湖四海原则，始终团结一切忠于党、忠于人民的同志，处理同志关系要看他是不是忠诚干净担当的好同志，而不应以关系亲疏、个人好恶而厚此薄彼，更不能为了个人利益搞人身依附、政治攀附，效忠于某个人或小圈子。任何人都不准把党的干部当作私有财产，党内不准搞人身依附关系。选拔任用干部应坚持任人唯贤，反对任人唯亲，发扬公道正派的作风，严禁以所谓"划线""站队""谁的人"等派系方式来选拔任用干部，严禁利用职权在党内拉私人关系、培植私人势力。严格按照新时代好干部标准发现、选拔、使用干部，发挥"风向标"作用，让忠诚干净担当的干部得到褒奖和重用，让拉帮结派、搞团团伙伙的干部没市场、受惩处。

三要发展积极健康的党内政治文化，涵养风清气正的政治生态。坚决破除关系学、厚黑学、官场术等封建糟粕，坚决防止和反对宗派主义、圈子文化、码头文化，大力倡导清清爽爽的同志关系、规规矩矩的上下级关系、干干净净的政商关系，谨防党内政治文化产生"劣币驱逐良币"的逆淘汰效应。同时必须清醒地认识到，想要从根本上彻底清除"山头主义""圈子文化"等，并不是一朝一夕、轻而易举的事情。"圈子文化"的要害是"畸形利益结盟"，只有不断健全完善制度，严明各项纪律规矩，真正把权力关进制度的笼子里，才能彻底剪断其生存的各种利益链和关系链，从根本上铲除拉帮结派、投机钻营的空间和土壤。

二、严明党的组织纪律

党的力量来自组织，组织能使力量倍增。正如列宁所指出的："无产阶级在争取政权的斗争中，除了组织，没有别的武器。"如何才能使党的组织变得更坚强有力呢？这需要严明的组织纪律。中国共产党是按照马克思主义建党原则、以民主集中制为根本组织原则建立起来的政党。组织严密、纪律严明是我们党的光荣传统和独特优势,也是区别于其他政党的显著特征。党的组织纪律是各级党组织和全体党员在组织原则、组织关系、组织观念、组织行为等方面必须遵守的规范和要求,党内不存在组织管不到的特殊党员和特殊领域。新时代新征程实现第二个百年奋斗目标和中华民族伟大复兴的中国梦,关键在于坚持和加强党的领导。如果党组织松松垮垮、各行其是,就不可能有统一的意志和行动,不可能形成强大的组织力和领导力。党的十八大以来,习近平总书记高度重视严明组织纪律,强调要严明组织纪律和组织规矩,"组织观念、组织程序、组织纪律都要严起来","要好好抓一抓组织纪律,加强全党的组织纪律性"。

(一)严格贯彻执行民主集中制

民主集中制是党的根本组织原则和领导制度,是其他组织制度的基础和依据。它正确反映和规范了各种党内关系和特定社会关系,规定了党内政治生活必须遵循的基本准则,是保证正确制定和执行党的路线方针政策的科学的、合理的、有效率的制度,是我们党最大的制度优势,也是我们党最根本、最核心的组织纪律。长期以来,我们党能够保持思想上政治上行动上的高度统一,保持坚强的战斗力和凝聚力,其中一条基本经验就是在组织上坚持实行民主集中制。但在具体实践中,部分党组织和党员干部违反民主集中制原则和制度的现象还时有发生,有的甚至比较严重和突出。新时代新征程贯彻执行民主集中制,必须严格执行党章和《关于新形势下党内政治生活的若干准则》关于民主集中制的各项制度安排,按照民主集中制原则处理党内组织和组织、组织和个人、同志和同志、集体领导和个人分工负责等重要关系,发扬党内民主,实行正确集中,真正把民主集中制的优势变成党的政治优势、组织优势、制度优势、工作优势。

一要正确处理民主与集中的关系。民主集中制不是简单的"民主+集中"，也不是先民主后集中的两个互不相干的程序，而是民主与集中的辩证统一，是广泛民主基础上的正确集中和高水平集中指导下的民主的有机融合。有些领导班子和领导干部执行民主集中制不到位，一个主要问题就在于把民主和集中割裂开来，只讲民主不要集中，或者只讲集中不要民主。贯彻民主集中制，要克服民主不够和集中不够两方面的问题。既要充分发扬民主，鼓励讲真话、说实话，营造民主氛围；又要善于正确集中，集中集体智慧作出科学决策，避免议而不决、决而不行。

二要坚持做到"四个服从"。"个人服从组织，少数服从多数，下级服从上级，全党服从中央"是民主集中制的核心，也是最基本的组织原则和组织纪律。做到"四个服从"的关键是要处理好下级与上级、局部利益与全局利益的关系。党的下级组织对于上级组织的决定、决议、指示，必须坚决地贯彻执行，做到令行禁止。决不允许对上级指示搞实用主义，合意的就执行，不合意的就不执行。

三要坚持和完善党委集体领导和个人分工负责相结合的制度。坚持党委集体领导，凡属重大问题都必须由党委按照集体领导、民主集中、个别酝酿、会议决定的原则，作出集体讨论和决定，不允许用其他个人或少数人的形式取代党委及其常委会（或党组）的领导。要明确和细化党委及其常委会（或党组）集体决策的具体事项和范围，遵守和健全集体议事规则和决策程序，提高集体决策规范化科学化水平。在坚持集体领导的同时必须实行个人分工负责，按照职责对班子成员作适当分工。班子成员必须自觉服从组织分工安排，坚决执行组织决定，既要落实分工职责，又要积极参与和维护集体领导，在职责上分、思想上合，在工作上分、目标上合，做到分工不分家。党委主要负责同志作为"班长"必须带头发扬民主、善于集中团结、敢于担当负责，支持班子成员在职责范围内独立负责开展工作，坚决防止和克服名为集体领导、实际上是个人或少数人说了算,以及名为集体负责、实际上是无人负责等状况,充分发挥好领导班子的整体合力。

(二)增强组织观念和组织纪律性

组织观念实际上是一种团队精神,是大局意识、服从意识、协作精神和服务精神的集中体现,它的出发点和落脚点都是维护组织行为规则的遵守和组织高效地运转,反映的是个体利益和整体利益的统一。这里所指的"组织观念"特指党员对党组织的忠诚和执着,主要体现在拥护党的纲领,遵守党的章程,履行党员义务,执行党的决定,严守党的纪律,完成党的工作任务,正确处理个人与组织的关系,等等。组织观念是衡量党员组织纪律性的依据之一,组织纪律性反映的是党员与党组织之间的内在联系,包括组织融入程度、思想认同程度、行动服从程度等。在计划经济时期,社会资源配置主要靠各级组织完成,组织的作用十分明显和强大,个人对组织的依靠感和归属感很强,组织观念也就非常强。随着改革开放和社会主义市场经济的发展,原有的资源配置方式和组织管理模式发生转变,越来越多的单位人变成社会人,各种复杂的社会关系和利益关系给党内生活带来巨大影响。其中,组织观念薄弱、组织纪律性弱化就是一个严重问题。正如习近平总书记所指出的:"组织纪律松弛已经成为党的一大忧患。"在现实中,有的党员干部个人主义、自由主义倾向严重,目无组织纪律,跟组织讨价还价,不服从组织人事安排、工作分工、任务分配等决定,甚至把自己凌驾于组织之上;有的该请示的不请示,该汇报的不汇报,有事瞒着组织,搞"先斩后奏""边斩边奏",甚至"斩而不奏";有的党组织对党员干部疏于管理,缺乏严肃认真的组织生活;等等。这些问题如果不抓紧解决,任其发展蔓延,党的团结统一必然遭到破坏,党的战斗力和凝聚力就会受到削弱,执政根基就会发生动摇。因此,新时代新征程如何增强全党的组织观念、加强组织纪律性,是需要认真思考和解决的重大课题。

一要正确处理个人与组织的关系。习近平总书记强调："组织纪律性是党性修养的重要内容。加强组织纪律性必须增强党性。"党员无论党龄长短、职务高低、贡献大小，都要自觉坚持党性原则，自觉把个人置于党的组织之中。"时刻想到自己是党的人，是组织的一员，时刻不忘自己应尽的义务和责任，相信组织、依靠组织、服从组织"，同时要拥护组织、维护组织、服务组织。要无条件服从和执行组织决定和决策，不得以任何理由阻挠、延缓、消极抵制，决不搞表态式服从、选择性执行、应付性落实。要自觉接受和服从组织安排，决不能组织没提拔就有意见、岗位不满意就发牢骚、待遇不合意就生怨言，对组织分配的工作和任务，决不能挑三拣四、拈轻怕重，更不能讨价还价、斤斤计较。

二要严格执行请示报告制度。习近平总书记指出："请示报告制度是我们党的一项重要制度，是执行党的民主集中制的有效工作机制，也是组织纪律的一个重要方面。"新修订的《中国共产党纪律处分条例》第八十一条规定，有下列行为之一，情节较重的，给予警告或者严重警告处分：①违反个人有关事项报告规定，隐瞒不报；②在组织进行谈话函询时，不如实向组织说明问题；③不按要求报告或者不如实报告个人去向；④不如实填报个人档案资料。党员干部特别是领导干部，在涉及重大问题、重要事项及个人有关事项时，该向组织请示的必须请示，该报告的必须报告，自觉接受组织监督，决不能遮遮掩掩甚至隐瞒不报，或者不如实请示报告，糊弄党组织。各级党组织要加强对党员干部执行个人有关事项报告制度的监督检查，对于违反规定该报告未报告、隐瞒不报及不按时报告、漏报少报的，必须及时给予提醒和批评，情节严重的要给予组织处理或纪律处分。

三要坚持和完善党的组织生活制度。党内组织生活是严格锤炼党性、提高思想觉悟和组织观念的熔炉。习近平总书记曾形象地比喻："如果炉子长期不生火,或者生了火却没有足够的温度,那是炼不出钢来的。"要把坚持参加党的组织生活作为加强党员干部组织纪律性的重要实践途径和方式,坚持"三会一课"制度、民主生活会和组织生活会制度、谈心谈话制度、民主评议党员等制度,加强党性锻炼和党性分析,认真开展批评和自我批评,确保党的组织生活经常、认真、严肃,引导党员在党内政治生活中锤炼党性、严守党纪。

(三)严格遵守和执行组织人事纪律

习近平总书记指出:"我们党历来高度重视选贤任能,始终把选人用人作为关系党和人民事业的关键性、根本性问题来抓。"在100多年的发展历程中,我们党对党员的入党条件、资格和程序,对干部选拔任用的条件、程序、制度和责任等,都建立了一整套严格完备的组织规范和纪律要求。选人用人是头等大事,这些问题如果不解决,必然严重危害党的肌体健康,破坏党的先进性和纯洁性,不仅会弱化党的执政能力,而且会影响党的群众基础和执政基础。这就要求各级党组织和党员干部严格遵守和执行党的组织人事纪律,严格按照党章和党内法规的具体要求选人用人,关键是要做到公道正派地为组织选人,而不是为个人或小集团选人。

一要坚持严格发展党员。发展党员工作是党的组织建设一项经常性、基础性的重要工作。党的力量和作用,既取决于党员数量,更取决于党员质量,关键是正确处理好党员数量和质量的关系。要严格贯彻执行《中国共产党发展党员工作细则》,按照"控制总量、优化结构、提高质量、发挥作用"的总要求,坚持党章规定的党员标准,始终把党员政治标准放在首位,严把"入口关",确保新发展的党员政治合格、素质优秀。对于采取弄虚作假或其他手段把不符合党员条件的人发展为党员的,对于不严格坚持标准、不严格履行程序和培养考察失职、审查把关不严的党组织及其负责人,要根据情节轻重依照纪律规定予以严肃处理。

二要尊重和保障党员民主权利。党内民主是民主集中制的重要内容。党内民主的核心就是尊重党员主体地位，保障党员民主权利。民主是集中的前提和基础，只有党员充分行使民主权利，民主集中制才能真正得到实现。要严格贯彻执行《中国共产党党员权利保障条例》，健全制度，拓宽渠道，保障全体党员履行党章规定的义务、平等享有党章规定的权利，重点落实党员的知情权、教育培训权、参加讨论权、建议倡议权、监督权、罢免权、表决权、选举权和被选举权、申辩权、意见权。当前，特别要切实保障党员的选举权和监督权。规范和完善选举制度规则，坚决反对和防止以强迫、威胁、欺骗、拉拢等手段妨害党员自主行使表决权、选举权和被选举权的行为，以零容忍态度严肃查处和惩治各种拉票贿选行为。畅通党员检举、揭发、申诉、控告等各类党内监督渠道，完善对监督人的保护制度，对于压制、阻挠甚至打击报复党员监督的行为，必须给予严厉的纪律处分。

三要坚持正确选人用人导向，严格规范干部选拔任用。严格遵守党章和《党政领导干部选拔任用工作条例》等党内法规，坚持习近平总书记提出的"信念坚定、为民服务、勤政务实、敢于担当、清正廉洁"好干部标准和忠诚干净担当等要求，严格选用标准、健全选用制度、完善选用政策、规范选用程序，坚决把好政治关、能力关、作风关、廉洁关，真正把好干部选拔出来、把"带病"干部挡在门外，形成能者上、庸者下、劣者汰的选人用人导向。

三、严明党的廉洁纪律

违反廉洁纪律的行为是最常见、数量最多的违纪行为。就政治学意义上来讲，廉洁是与腐败相对的一个概念，其主要内涵就是要求掌握公共权利资源的行为主体，应当将公共利益放在第一位，坚持公正公平，正确认识和行使公共权利，绝不利用手中的权力损公肥私、损人利己，做到平等对待所有人,保证对权力委托人负责。中国共产党的性质、宗旨和执政地位决定了我们的党和国家必须实行廉洁政治,党的组织和全体党员必须清正廉洁。我们党自成立以来,就始终要求自身保持清正廉洁,始终把反腐败作为关系人心向背和党的生死存亡的重大政治问题。党的廉洁纪律,就是专门保证党的组织和党员清正廉洁的行为准则,是预防和惩治腐败的重要武器。党的十八大以来,以习近平同志为核心的党中央把反腐败作为治国理政的鲜明特征和重要抓手,制定和实施最严格的廉洁纪律,推动反腐败斗争取得压倒性胜利并全面巩固。特别是制定实施《中国共产党廉洁自律准则》和《中国共产党纪律处分条例》,分别从正面倡导和负面清单两个维度,明确和细化党的廉洁纪律的高线标准和行为底线,是党的廉洁纪律的基础性法规,为党的组织和全体党员遵守和执行廉洁纪律提供了基本依据。反腐败斗争永远在路上,要从根源上杜绝腐败滋生,就必须始终严明党的廉洁纪律,让全体党员牢固树立廉洁自律意识,自觉抵制腐败诱惑,真正实现干部清正、政府清廉、政治清明。

(一)坚持廉洁用权,严禁任何滥用职权、谋取私利的行为

党员干部手中的权力归根到底都是人民赋予的,不论从事什么工作,担任何种职务,必须始终把权力用于为国家为人民谋利益,决不能用于谋取不正当利益。党章明确规定,党的各级领导干部必须正确行使人民赋予的权力,坚持原则,依法办事,清正廉洁,勤政为民,反对任何滥用职权、谋求私利的行为。《中国共产党廉洁自律准则》明确规定,党员要坚持公私分明,先公后私,克己奉公;党员领导干部要廉洁从政,廉洁用权。新修订的《中国共产党纪律处分条例》第九十四条规定,党员干部必须正确行使人民赋予的权力,清正廉洁,反对特权思想和特权现象,反对任何滥用职权、谋求私利的行为。这些都是党的廉洁纪律最基本的内容,要求每一名党员干部都必须忠于职守，不徇私情，克己奉公，廉洁公正地行使权力，做到权为民所用，而不是为个人或少数人服务。这不仅是对党员干部本人的要求，也是对其亲属、身边工作人员和其他特定关系人的要求。这就需要党员干部严格教育、严格管理、严格监督家人、亲属和身边工作人员。

(二)严防商品交换原则侵入党内政治生活，严禁违规从事营利活动

商品交换是市场经济的普遍现象，秉持等价交换、金钱交易原则，追求利益最大化，这是经济领域和经济活动中的正常现象。然而，中国共产党的性质和宗旨是与商品交换原则格格不入的，党性原则和商品交换原则是根本对立的，党内政治生活和社会经济领域是两个完全不同的系统，绝不能把两者混淆和掺杂在一起。对于我们党来说，党内关系是清爽纯洁的同志关系，决不是利益交换关系；党性原则是坚持全心全意为人民服务，把人民利益作为最高价值取向，决不是金钱至上、个人利益至上。在改革开放和社会主义市场经济环境下，党员干部腐败现象之所以比较突出，一个重要原因就是商品交换原则公开或隐蔽地侵入党内政治生活，腐蚀一些意志薄弱者的灵魂，使他们把金钱作为与人交往和政治生活的准则，把权力当成待价而沽的商品，不讲党性、不择手段地谋取私利。如果任其发展，必然会扭曲正常的党内政治生活秩序，使纪律规矩被各种乌烟瘴气的潜规则所取代，最终污染整个政治生态，动摇党的执政根基。因此，《关于新形势下党内政治生活的若干准则》明确要求："全体党员、干部特别是高级干部必须拒腐蚀、永不沾，坚决同消极腐败现象作斗争，坚决抵制潜规则，自觉净化社交圈、生活圈、朋友圈，决不能把商品交换那一套搬到党内政治生活和工作中来。"

（三）遵守公共财物管理和使用规定，严禁假公济私、化公为私、挥霍公款

公共财产是国家和集体的财产，主要包括国有财物、劳动群众集体所有的财物、用于公益事业的社会捐助或专项基金的财产、以公共财物论的私人财物等。我国宪法明确规定："社会主义的公共财产神圣不可侵犯。国家保护社会主义的公共财产。禁止任何组织或者个人用任何手段侵占或者破坏国家的和集体的财产。"《关于新形势下党内政治生活的若干准则》对党员提出明确要求，强调"禁止用各种借口或巧立名目侵占、挥霍国家和集体财物"。党员干部假公济私、化公为私，实质上是在滥用职权、以权谋私，是与宪法原则和党的廉洁纪律规范相违背的。当然，这不是否定党员干部的个人利益，也不是要求党员干部劳而不获。党员干部的个人利益，党和国家已经按照按劳分配原则予以充分考虑和保障，集中体现为党员干部的工资和待遇。如果在此之外，还要借助个人职权或其他不正当手段谋求更多利益，或者挥霍、乱用公款，则违犯党纪国法。因此，党员干部特别是领导干部必须时刻清醒认识这一点，严格遵守《中国共产党廉洁自律准则》，严格遵守党和国家的各项财经制度规定和纪律规范，在法律、纪律、政策、程序和社会道德规范内工作和办事，杜绝任何形式的特殊化，坚决做到公私分明、先公后私、克己奉公。

四、严明党的群众纪律

人心向背历来是关系一个政权、一个政党生死存亡的根本性问题。100多年来，我们党之所以能够不断从胜利走向胜利，归根结底是因为始终把群众利益放在第一位，时刻保持同人民群众的血肉联系，从而赢得最广大人民群众的支持和拥护。党的群众纪律就是专门规范党和人民群众关系的行为规则,是指导、约束各级党组织和党员执行群众路线、维护群众利益、密切党群关系的行为规范。严明党的群众纪律是党的性质和宗旨最生动的体现,也是我们党区别于其他政党的政治优势和显著标志。历史经验和教训反复证明,什么时候党的群众纪律执行得好,党群关系就密切,党和人民的事业就能够顺利发展;反之,什么时候党的群众纪律执行得不好,党群、干群关系就会受到损害,党和国家的事业就会遭受挫折。新时代新征程,如何保持密切联系群众这个最大政治优势、克服脱离群众这个最大危险,是我们党面临的关乎兴衰成败的最重大、最现实的挑战和考验。在长期执政条件下,党所处的地位和环境发生根本性变化,党员领导干部手中掌握一定的权力,各种外部诱惑和私人欲望也不断增加,导致许多党员干部对保持党同人民群众血肉联系的重要性、必要性和迫切性缺乏清醒的认识,宗旨意识和群众观念淡薄,出现不遵守群众纪律、不践行群众路线、不维护群众利益的现象,甚至走到人民群众的对立面。党的十八大以来,党中央先后3次修订《中国共产党纪律处分条例》,明确把违反群众纪律行为的处分单设一章,既体现了党一以贯之重视群众纪律的优良传统,又表明了严惩违反群众纪律的行为,用铁的纪律保持党同人民群众血肉联系的决心。

(一)牢固树立马克思主义群众观点,反对脱离群众的官僚主义

树立马克思主义群众观点是遵守和执行党的群众纪律的基础。群众观点作为马克思主义唯物史观的基本观点,反映了马克思主义政党对待群众的立场和态度,是马克思主义第一位的政治观点,鲜明表达了马克思主义政党的根本政治立场。中国共产党在推进马克思主义中国化的过程中,继承和发展了马克思主义群众观点。只有各级党组织和党员干部始终坚持群众观点,我们党才能始终得到人民的拥护和支持。

严明党的群众纪律,首先要解决思想问题,要让党员干部真正认识到人

民群众的力量,培养同人民群众的感情。党的群众观点与群众利益有着密切的内在联系,前者是后者的思想基础,后者是前者的现实载体。如果党员干部在思想上没有牢固树立群众观念,看不清人民群众的历史地位和根本作用,就很难在现实中真正代表和维护群众利益,更别提自觉遵守党的群众纪律了。这就要求广大党员干部必须把牢固树立马克思主义群众观点作为重大政治任务和纪律要求,坚定人民群众是历史创造者的观点、向人民群众学习的观点、全心全意为人民服务的观点、干部的权力是人民赋予的观点、对党负责和对人民负责相一致的观点、党要依靠群众又要教育和引导群众的观点。要始终把群众立场作为根本政治立场,在思想上尊重人民群众,在感情上亲近人民群众,在工作上为了人民群众,坚决同人民群众站在一起。要真正把群众摆在心中最高位置,视人民群众为亲人、把人民群众当主人,找准"勤务员"的定位,坚决反对形形色色的官僚主义现象,切实把尊重人民主体地位的要求落实到一言一行之中。

(二)坚持全心全意为人民服务,严禁任何侵害群众利益的行为

党章明确规定:"党除了工人阶级和最广大人民群众的利益,没有自己特殊的利益。党在任何时候都把群众利益放在第一位。"新修订的《中国共产党纪律处分条例》第一百二十二条规定:有下列行为之一,对直接责任者和领导责任者,情节较轻的,给予警告或者严重警告处分;情节较重的,给予撤销党内职务或者留党察看处分;情节严重的,给予开除党籍处分:①超标准、超范围向群众筹资筹劳、摊派费用,加重群众负担;②违反有关规定扣留、收缴群众款物或者处罚群众;③克扣群众财物,或者违反有关规定拖欠群众钱款;④在管理、服务活动中违反有关规定收取费用;⑤在办理涉及群众事务时刁难群众、吃拿卡要;⑥其他侵害群众利益的行为。在乡村振兴领域有上述行为的,从重或加重处分。衡量党和群众的关系,说到底是看党能否真正满足群众利益需求。人民群众评判我们党，最直接的方式就是看我们党是不是真心实意为他们谋幸福，是不是给他们带来了实际利益。党的群众纪律最核心的内容、最根本的要求，就是要坚持全心全意为人民服务的宗旨，随时随地维护人民群众的利益，不允许以任何借口、任何形式侵占和损害人民群众的利益。

（三）自觉接受群众监督，保障人民群众的民主权利

不受监督的权力必然产生腐败。党章规定，党的各级领导干部要"自觉地接受党和群众的批评和监督"。早在延安时期，毛泽东就明确提出依靠群众监督跳出历史周期率的新路，"只有让人民来监督政府，政府才不敢松懈"。他还强调："共产党是为民族、为人民谋利益的政党，它本身决无私利可图。它应该受人民的监督，而决不应该违背人民的意旨。"党的十八大以来，党内监督和群众监督得到进一步加强。习近平总书记在党的群众路线教育实践活动总结大会上指出："群众的眼睛是雪亮的，群众的意见是我们最好的镜子。只有织密群众监督之网，开启全天候探照灯，才能让'隐身人'无处藏身。各级党组织和党员、干部的表现都要交给群众评判。"然而在现实中，部分党组织和党员干部对群众的知情权、监督权等民主权利认识不到位、保障不充分，甚至侵犯群众权利。

我国是人民民主专政的社会主义国家，人民是国家的主人，依法享有广泛、充分、真实的权利和自由，任何人不得非法侵犯和剥夺公民依法享有的权利和自由。党的二十大报告强调，积极发展基层民主。严明党的群众纪律，落实到具体制度层面就是要切实保障人民群众的民主权利。要把权力放在阳光之下，遵循公开是原则、不公开是例外的要求，除涉及国家秘密、商业秘密、个人隐私等不能公开的内容外，其他信息应当以便捷的方式向社会公开。要尊重人民群众的主体地位和正当权利，凡是涉及人民群众切身利

益的事项,都应该向群众公开,听取群众意见,接受群众监督,切实保障人民群众的知情权、参与权、表达权、监督权。对于不按规定公开公共事务、侵犯群众知情权的行为,要严格追究党纪责任;对于阻挠、压制群众监督甚至打击报复监督举报人的,必须予以严肃查处。

五、严明党的工作纪律

党的工作纪律,是指党的各级组织和全体党员在党的各项具体工作中必须遵守的行为规则,是党的各项工作正常开展的重要保证。党的工作是指党从事的全部工作活动,包括党的领导工作、纪律检查工作、组织工作、宣传工作、教育工作、政法工作、财经工作、群众工作、军事工作、统一战线工作,以及机构编制工作、对外联络工作、巡视工作、机关工作等。党的特殊地位及其工作的广泛性,决定了必须靠严密的工作规范来保障各项工作的顺利运行,这些规范就是工作制度和工作纪律。十九大党章以党内根本大法的形式正式确立了党的工作纪律是党的六项纪律之一。《中国共产党纪律处分条例》从2015年首次提出"党的工作纪律"这个概念,到2018年将其作为党的纪律专门一章作出具体规定,再到2023年对于"违反工作纪律行为的处分"条文增加到19条,体现出对工作纪律的重视和内容丰富。党的工作纪律的定位就是规范党的工作和处罚违反工作纪律的行为,是保障党的工作正常进行的基本遵循。

(一)自觉履职尽责、勤政务实,严禁不担当、不作为等行为

习近平总书记曾指出:"是否具有担当精神,是否能够忠诚履责、尽心尽责、勇于担责,是检验每一个领导干部身上是否真正体现了共产党人先进性和纯洁性的重要方面。"党员干部对党和国家事业履职尽责、担当作为,是最重要的为政之德、最根本的党性修养,是党员干部的职责所系、从政准则、成

事之道。党的十八大以来，习近平总书记提出了新时代好干部标准，其中一条就是"勤政务实"。勤政务实，就是要求党员干部恪尽职守，勤于干事，担当作为，务求实效。这是选拔任用党员干部的基本组织要求，也是规范党员干部的基本工作纪律。然而，在现实中由于受个人成长经历、社会环境和政治生态等多方面因素的影响，工作失职、不作为、乱作为现象在部分党员干部身上表现得较为突出，主要表现为消极懈怠，不想作为；畏首畏尾，不敢作为；花拳绣腿，不真作为；能力不足，不善作为。这些不担当、不作为的表现，社会关注度高、负面影响很大，并非简单的作风问题，而是违反党的工作纪律的行为，必须靠严明的纪律来整治和预防。

一要加强教育培训，引导党员干部坚定理想信念、自觉担当作为。加强党性教育，使党员干部牢固树立正确的权力观、政绩观、事业观，真正把个人的追求和目标融入党和国家的事业，做到以干事为责、以干事为荣、以干事为乐。加强能力培训，突出针对性和实效性，强化干部业务素质和专业能力培训，使干部各方面的本领都能跟上时代步伐、满足任务需要。

二要坚持正确用人导向，完善激励干部担当作为的保障机制。完善干部考核评价体系，及时将敢担当、善作为的干部识别出来、使用起来，为想干事、能干事、干成事的干部提供更多机会和舞台。深化干部人事制度改革，严格落实干部能上能下、能进能出的要求，扎紧让干部不敢懈怠、不敢失职渎职的制度笼子，推动形成能者上、优者奖、庸者下、劣者汰的用人导向和从政环境。健全干部激励和保护机制，完善职务职级并行制度、薪酬激励机制、党内表彰和关怀帮扶等机制、容错纠错机制等，真正为担当作为、敢抓敢管的干部撑腰。

三要从严监督管理，促使干部不敢懈怠、不得不为。坚持从严管思想、管工作、管作风、管纪律，严格抓好日常管理，全面动态掌握干部的日常履职情况，发现问题早打招呼、及时提醒。严格执纪问责，对于一贯不担当不作为、情节较重或群众反映强烈、造成恶劣影响的,必须坚决查处,及时作出组织处理和纪律处分。

(二)坚持实事求是、求真务实,严禁形式主义、官僚主义

形式主义、官僚主义同我们党的性质宗旨和优良作风格格不入,是我们党的大敌、人民的大敌。形式主义的实质是主观主义、功利主义,根源是政绩观错位、责任心缺失,用轰轰烈烈的形式代替了扎扎实实的落实,用光鲜亮丽的外表掩盖了矛盾和问题。官僚主义的实质是封建残余思想作祟,根源是官本位思想严重、权力观扭曲,做官当老爷,高高在上,脱离群众、脱离实际。我们党历来就把形式主义、官僚主义作为作风建设的顽瘴痼疾,重视反对和惩治形式主义、官僚主义问题。党的十八大以来,以习近平同志为核心的党中央从政治高度认识和对待作风问题,严厉整治形式主义、官僚主义、享乐主义和奢靡之风,党风政风为之一新。然而,与享乐主义、奢靡之风相比,形式主义、官僚主义问题更具有顽固性、反复性、变异性、危害性,整治难度也更大。党的十九大后,习近平总书记反复强调,必须把整治形式主义、官僚主义作为正风肃纪的重要任务、长期任务。2023年修订的《中国共产党纪律处分条例》,在"工作纪律"一章修改第一百三十二条,对形式主义、官僚主义行为及其适用的处分作出明确规定,增写了3项形式主义、官僚主义典型问题和新表现。预防和整治形式主义、官僚主义不仅仅要靠作风上的倡导,还要解决思想层面、制度层面的深层次问题,更要靠严明的纪律来规范、约束和惩戒。

一要从思想源头抓起。通过多种渠道和形式的宣传教育,引导党员干部深刻认清形式主义、官僚主义的本质和危害,自觉抵制主观主义、功利主义和官本位思想的干扰和侵蚀,不断增强干事创业的责任感和使命感。教育引导党员干部牢固树立以人民为中心的发展思想和价值追求,把精力集

中到为人民服务上，真正把对上负责和对下负责统一起来。

二要解决体制机制问题。按照权责对等、权责一致的原则，完善权责配置体制，充分激发各层级的内生动力，避免因"只唯上"和"疲于应付"而产生的形式主义、官僚主义。完善绩效管理和考核评价体系，区分不同类型工作和任务的考核手段和方法，提高考核结果运用的科学性有效性，避免使检查考核成为上级部门追求权力、下级部门敷衍应付的手段。

三要坚持以上率下。上级机关、领导部门制定政策部署工作要坚持实事求是，深入开展调研，"通天线""接地气"，既体现中央精神又符合基层实际。要深化改革会议公文制度，严格控制层层发文、层层开会，着力解决过度留痕、表格资料名目繁多、层层填表报材料等基层反映强烈的形式主义问题。主要领导干部要发挥带头示范作用，对于地区和部门存在的形式主义、官僚主义现象，要直面问题动真碰硬。

（三）严格按照规定履职用权，严禁滥用职权、玩忽职守

禁止违规干预和插手市场经济活动。市场经济的本质是竞争经济同时也是法治经济、信用经济。党员干部特别是领导干部违反规定干预和插手市场经济活动，使公共权力与市场经济活动发生不正常联系，不仅会扰乱市场经济秩序、破坏公平竞争原则、影响经济社会发展，还会滋生贪污腐败。当然，这里所指的滥用职权违规和干预主要是指不当使用公权力干预市场经济，不是为了谋求私利。如果存在以权谋私行为，则违反了廉洁纪律。党的工作纪律要求，各级党员领导干部必须严格按照规定行使职权，绝不能"有权任性""用权随性"，不该做的事即便不是为了私利也绝不能做。同时，要通过深化改革和完善制度，加快政府职能转变，进一步减少和规范行政审批事项，切断行政权力和微观经济活动的利益关系，减少和消除权力"寻租"空间。当然，严禁党员领导干部违规干预和插手经济活动，不是不允许参与

经济活动,而是不能将党员干部领导、参与、协调经济活动的正常工作视作干预和插手市场经济活动。

禁止违规干预和插手司法、执纪执法活动。司法独立是现代法治的核心精神,是司法公正的基本前提。干预、插手正常的司法和执纪执法活动,人为增添了工作难度,严重影响司法公正和执纪执法活动的公正性,甚至会导致冤假错案、司法腐败及金钱案、权力案、人情案等问题,严重破坏党纪国法的权威性,损害党群干群关系。党的十八届四中全会通过的《中共中央关于全面推进依法治国若干重大问题的决定》提出,加强执法监督,坚决排除对执法活动的干预,防止和克服地方和部门保护主义,惩治执法腐败现象。要建立领导干部干预司法活动、插手具体案件处理的记录、通报和责任追究制度。任何党政机关和领导干部都不得让司法机关做违反法定职责、有碍司法公正的事情,任何司法机关都不得执行党政机关和领导干部违法干预司法活动的要求。对干预司法机关办案的,给予党纪政务处分;造成冤假错案或其他严重后果的,依法追究刑事责任。

六、严明党的生活纪律

生活纪律是党员在日常生活和社会交往中应当遵守的行为规则,涉及党员个人品德、家庭美德、社会公德等各个方面,关系到党的形象。党的先进性不仅体现在理论上、制度上,还体现在每一名党员的日常言行上。党章将"发扬社会主义新风尚,带头实践社会主义核心价值观和社会主义荣辱观,提倡共产主义道德,弘扬中华民族传统美德"作为党员义务,就是对党的生活纪律的规定。党的十八大以来,以习近平同志为核心的党中央高度重视党的生活作风和生活纪律问题,围绕大兴艰苦奋斗之风、带头厉行节约、反对铺张浪费等作出一系列规定和要求,整治享乐主义和奢靡之风也是专门针对生活纪律存在的突出问题提出的。2023年修订的《中国共产党纪律处分条例》不仅用专门一章"对违反生活纪律行为的处分"作出规定，而且在条文内容中增加了关于"铺张浪费""网络空间言行"的规范表述，体现了全面从严治党的严格要求，为广大党员在生活中的行为划出了明确的底线。从表面上看，虽然生活纪律规定的都是日常"小事""小节"，但"千里之堤，溃于蚁穴"，如果生活"小事"把握不好、把持不住、把口不严，就会逐渐成为大问题、出大事。

（一）坚持艰苦朴素、勤俭节约，坚决抵制享乐主义、奢靡之风

"历览前贤国与家，成由勤俭破由奢。"艰苦朴素、勤俭节约是中华民族的传统美德，也是中国共产党人的优良作风。共产党人历来提倡艰苦朴素、勤俭节约。新中国成立前夕，毛泽东向全党提出了"两个务必"的告诫，其中之一就是"务必使同志们继续地保持艰苦奋斗的作风"。在改革开放条件下，邓小平指出："我们的国家越发展，越要抓艰苦创业。"党的十八大以来，习近平总书记重申发扬勤俭节约、艰苦奋斗的作风，指出，"抓改进工作作风，各项工作都很重要，但最根本的是要坚持和发扬艰苦奋斗精神"，强调，"能不能坚守艰苦奋斗精神，是关系党和人民事业兴衰成败的大事"。然而在现实生活中，有的党员干部生活讲排场、比阔气，奢靡浪费，贪图享乐，热衷于庸俗的不良嗜好。这些享乐主义和奢靡之风的行为，不仅会像"温水煮青蛙"一样，腐蚀党员干部的心志，促使党员干部利用手中的公权力"寻租"，直至欲壑难填，最终走向腐败堕落的深渊，而且会破坏党的形象，败坏党风政风和社会风气，动摇党的执政根基。《中国共产党廉洁自律准则》第三条明确要求全体党员要"坚持尚俭戒奢，艰苦朴素，勤俭节约"，有着特殊意义。

一要夯实艰苦奋斗的思想基础。各级党组织要深入持久地开展艰苦朴素、勤俭节约的思想教育，紧密结合党性党风党纪教育，从政治和理论、党的性质和宗旨、党的历史和传统、现实国情和党情等多个方面和角度，引导广大党员充分认识到艰苦奋斗的重要性,强化党员的廉洁自律意识、艰苦朴素意识和纪法观念。

二要培养积极健康的兴趣爱好。掌握公权力的党员干部的个人爱好并非完全是私人小事,而是关系到能否廉洁公正用权、抵御拉拢腐蚀的大问题。党员干部要培养积极健康的兴趣爱好,自觉抵制各类庸俗、低级趣味和不良嗜好。个人爱好应当"爱"之有道,"好"之有度,不应公开、高调地"秀"爱好,不能被爱好"绑架",进行权钱交易、权物交易。

三要健全尚俭戒奢的监督机制。把反对享乐主义和奢靡之风作为党内监督和社会监督的重要内容,畅通监督渠道,向全党全社会释放倡导艰苦奋斗、反对奢侈浪费的明确信号,促使党员干部形成内在自觉和外在压力。加大监督检查力度,强化抓早抓小,从身边常见的问题抓起,从司空见惯的"小事""小节"严起,从党员干部习以为常、群众关注和反感的问题管起,发现情况就要及时教育、提醒和纠正,情节严重的必须严肃查处和通报。

(二)带头遵守社会公德、家庭美德,严禁违背社会公序良俗的行为

党员的先进性决定了既然选择加入党这个先锋队,就意味着要主动放弃一部分普通群众享有的权利和自由,就要在思想上、行为上有更高标准、更严要求。习近平总书记曾明确指出:"在道德问题上,党员、干部无疑应该比普通群众有更高的标准和要求。"党员的党性修养和道德水准对社会具有示范引领作用,特别是党员在公共场所、网络空间的不当言行,直接影响人民群众对党员个人乃至整个党的印象和评价。在现实中发生的一些党员干部违反社会公德、家庭美德的现象,造成了不良的社会影响和负面舆论,损害了党的形象。比如,有的党员干部在男女关系问题上不检点,危害社会伦理道德;有的不承担抚养教育义务或者赡养义务,违反家庭美德;有的在公共场合行为放肆,甚至寻衅滋事、打架斗殴,违背社会公序良俗;等等。党章

对党员领导干部加强道德修养提出了明确要求，要求讲党性、重品行、作表率，做到自重、自省、自警、自励。《中国共产党廉洁自律准则》要求，全体党员"必须自觉培养高尚道德情操，努力弘扬中华民族传统美德"，党员领导干部要"廉洁修身，自觉提升思想道德境界"。

（三）自觉带头树立良好家风，防止家人亲属出问题犯错误

中华民族自古以来就重视家庭、重视家风。在中国人的观念里，"国"与"家"是紧密联系、不可分割的，"修身、齐家、治国、平天下"是层层递进的阶梯。中国共产党人继承和弘扬了中华民族重视家风建设的优良传统，毛泽东、周恩来、刘少奇、朱德等老一辈无产阶级革命家都带头培育和倡导红色家风，为共产党人树立了典范。党的十八大以来，习近平总书记对党员干部家风问题的重视程度可以说是前所未有，多次提出"领导干部的家风，不仅关系自己的家庭，而且关系党风政风"，强调"要重视家庭建设，注重家庭、注重家教、注重家风"。《中国共产党廉洁自律准则》对党员领导干部提出了"廉洁齐家，自觉带头树立良好家风"的要求；《关于新形势下党内政治生活的若干准则》规定："领导干部特别是高级干部必须注重家庭、家教、家风，教育管理好亲属和身边工作人员。"《中国共产党纪律处分条例》也明确将家风建设纳入"生活纪律"，规定：党员领导干部不重视家风建设，对配偶、子女及其配偶失管失教，造成不良影响或者严重后果的，给予警告或者严重警告处分；情节严重的，给予撤销党内职务处分。从查处的领导干部违纪违法案例看，家风败坏往往成为领导干部违纪违法、腐败犯罪的重要原因，大量落马官员都普遍存在家风不正的问题。党员干部特别是领导干部的家风绝不是个人小事、家庭私事，而是直接影响党风、政风、社会风气的大事，关系着党员干部的命运和党的形象。党员干部要自觉把树立良好家风作为加强作风建设和纪律建设的重要内容，坚持从自己做起，从家庭做起，正好家风、管

好家人、处好家事、建好家庭。

一是坚持以身作则,率先垂范。树立良好家风,党员干部自身是关键,只有自己行得端、做得正,模范带头,其言行才能有威信,才会对家人具有说服力、感召力和约束力。党员干部必须坚持以身作则、身正为范,自觉增强纪律意识、规矩意识,严禁他人做的,自己首先不做,以实际行动带动家人模范遵守党规党纪和国家法律,模范树立良好家风。

二是坚持从严治家,严格教育管理家属亲友。牢固树立严是爱、宠是害的家庭观念,坚决摒弃"封妻荫子""一人得道,鸡犬升天"等腐朽思想,摆正权力与亲情、家风与党风、小家与大家的关系,防止权力被亲情"绑架"。要把管好家人作为职责任务和纪律要求,加强对家人的教育引导和严格管理,及时了解掌握他们的言行和动态,发现问题要及时纠正制止。如果家属亲友出了问题,应积极配合,不徇私情,不遮掩护短。

三是健全监督制度机制。严格执行领导干部个人有关事项报告制度,完善领导干部任前公示制度。建立常态化教育机制,加强对领导干部家属的警示教育,引导他们当好"监督员",常念"纪律经",多吹"清正风"。完善监督举报机制,探索对领导干部"八小时之外"监督的有效方式,构建组织、社会、家庭相互配合、密切交织的干部监督网络。

参考阅读

注重家庭家教家风建设

习近平总书记在二十届中央纪委三次全会上指出,要注重家庭家教家风,督促领导干部从严管好亲属子女。党的十八大以来,习近平总书记高度重视家庭家教家风建设,强调"不论时代发生多大变化,不论生活格局发生多大变化，我们都要重视家庭建设，注重家庭、注重家教、注重家风"。本期邀请专家学者从根本遵循、家风文化、制度要求等方面谈学习体会。

一、根本遵循：涵养新时代共产党人的良好家风

党的十八大以来，以习近平同志为核心的党中央高度重视领导干部家风问题，把领导干部家风建设提到前所未有的高度，作为作风建设的重要内容来抓，取得明显成效。

领导干部的家风，是领导干部作风的重要表现。党的十八大以来，党中央把领导干部家风建设纳入作风建设范畴，以党内法规形式予以制度化。同时，习近平总书记围绕注重家庭、注重家教、注重家风建设发表一系列重要论述，把对领导干部家风建设的规律性认识提到新的高度。比如，习近平总书记多次在中央纪委全会上对党员领导干部的家风建设提出明确要求。在十八届中央纪委五次全会上，要求管好亲属和身边工作人员；在十八届中央纪委六次全会上，要求每一位领导干部都要把家风建设摆在重要位置；在十九届中央纪委五次全会上，强调各级领导干部要带头廉洁治家。最近，又在二十届中央纪委三次全会上强调要注重家庭家教家风，督促领导干部从严管好亲属子女。

领导干部的家风，关系党风政风、社风民风。党的十八大以来，我们党着眼于以优良党风带动民风社风，发挥优秀党员、干部、道德模范的作用，把家风建设作为领导干部作风建设的重要内容，弘扬真善美、抑制假恶丑，营造崇德向善、见贤思齐的社会氛围，推动社会风气明显好转。习近平总书记曾用"莫用三爷，废职亡家"的典故叮嘱领导干部对家里那点事"要留留神，防微杜渐，不要护犊子"，还形象地用"家"和"冢"两个字来比喻家庭建设，强调"对家属子女要求高一点才能成为幸福之家，低一点就可能葬送一个好家庭"。领导干部要带头注重家庭、家教、家风，保持共产党人的高尚品格和廉

洁操守,以实际行动带动全社会崇德向善、尊法守法,以好家风引领全社会的好风气。

带头树立良好家风,为全党作出表率。习近平总书记强调,领导干部特别是高级干部要明大德、守公德、严私德,做廉洁自律、廉洁用权、廉洁齐家的模范。在这一方面,习近平总书记以身作则,每到一处工作,他都会告诫亲朋好友"不能在我工作的地方从事任何商业活动,不能打我的旗号办任何事,否则别怪我六亲不认。担任总书记后,他曾严厉地表示,"谁给他们办了,就是陷我于不仁不义之地! 我不仅不会感谢你,而且一定会追究责任!"各级领导干部特别是高级干部要继承和弘扬中华优秀传统文化,继承和弘扬革命前辈的红色家风,把对党忠诚纳入家庭家教家风建设,引导亲属子女坚决听党话、跟党走,做家风建设的表率,把修身、齐家落到实处。

二、家风文化:中华优秀传统文化中的家风文化

自古以来,中华民族都强调家国同构,强调家庭兴旺与社会和谐、国家发展息息相关。《孟子·离娄上》:"天下之本在国,国之本在家,家之本在身。"《大学》也明确:"古之欲明明德于天下者,先治其国;欲治其国者,先齐其家;欲齐其家者,先修其身。"在中华民族数千年的发展历程中,形成了注重家庭、注重家教、注重家风的优良传统。

家风文化是一种责任文化,讲究德治礼序,也就是将德礼融入家谱家训、家法家规,借助血脉的传承,使中华优秀道德、法治理念成为后代子孙谨守遵行的行为规范。家风是可以代代传承的,有的是用文字记载下来的,如历史上出现的家训、家规和家范等,也有的是通过口耳相传的。在传承的过程中,随着社会的变迁,其内容也会有所改变,但基本的核心内容是不会改变的,主要有勤俭修身、向上向善、守法治家、仁爱礼让、耕读传家、为官清廉等方面。历史上,有许多家训、家规和家范的优秀成果流传至今,如《诫子

书》《颜氏家训》《家范》《袁氏世范》《朱子家训》和《曾国藩家书》等。

几千年来，中华优秀家风形成了一套完善的规范体系，涵盖了获取新知、修身齐家、与人交往、为官行政等方面的示范与规则，内容丰富，凝聚着古代先贤治家的智慧。比如，推崇修齐治平、家国一体。《朱子家训》曰："读书志在圣贤，非徒科第；为官心存君国，岂计身家"；范仲淹的"先天下之忧而忧，后天下之乐而乐"等，都是家喻户晓的家训名句。推崇励志勉学、成才报国。《论语》中记载的"孔鲤过庭"的故事，体现了孔子对儿子的教育理念"不学诗，无以言。不学礼，无以立"；嵇康在《家诫》中称："人无志，非人也"；《颜氏家训》中有专门的"勉学"篇。推崇勤劳俭朴、力戒恶习。北宋司马光曾经为儿子司马康写了一篇名为《训俭示康》的文章，教育儿子"由俭入奢易，由奢入俭难"，并强调"君子寡欲"。

古人"学而优则仕"，因此家风文化中有着丰富的关于反腐倡廉的内容，有关清正廉洁、勤政爱民的家规家训名句更是数不胜数。《周礼》中记载，当时考核官吏有"六廉"标准，即廉善、廉能、廉敬、廉正、廉法、廉辨，体现了"廉"是为政之本的精神。北宋名臣包拯遗诫子孙曰："后世子孙仕宦，有犯赃者，不得放归本家，死不得葬大茔中。不从吾志，非吾子若孙也"；明代"江南第一家"郑氏家族制定的《郑氏规范》中，强调子孙为官要"奉公勤政，毋踏贪黩""有以赃墨闻者，生则于《谱图》上削去其名，死则不许入祠堂"；清代名臣曾国藩曾建"八本堂"，其家训中有一条"居官以不要钱为本"，要求家族子弟做官以廉为本。

中华优秀家风是中华优秀传统文化不可或缺的组成部分，在中华民族的发展历史进程中，中华优秀家风的文化元素渗透于社会生活的方方面面，在教育子孙后代方面起着重要的、不可替代的作用。

三、制度要求：党纪国法对党员领导干部家风的要求

党和国家历来重视家风制度建设，将优良家风先后写进《中国共产党廉洁自律准则》《中国共产党纪律处分条例》《中华人民共和国民法典》等党纪国法中，在制度层面形成党内法规与国家法律相辅相成、相互促进的规范格局，充分发挥党纪国法的法治效应，为涵养党员领导干部的清朗党风政风提供了制度保障。

在党内法规方面，《中国共产党廉洁自律准则》将"廉洁齐家，自觉带头树立良好家风"列为党员领导干部的重要廉洁自律规范。《关于新形势下党内政治生活的若干准则》要求"领导干部特别是高级干部必须注重家庭、家教、家风"。《中国共产党党内监督条例》要求中央政治局的同志"带头树立良好家风"。《中国共产党纪律处分条例》规定了党员干部不重视家风建设导致对配偶、子女及其配偶失管失教的处分措施。《党政领导干部考核工作条例》明确规定领导干部考核内容包括"树立良好家风"等。

在国家法律层面，《中华人民共和国民法典》明确规定"家庭应当树立优良家风，弘扬家庭美德，重视家庭文明建设"，具有重要的宣示功能与体系价值。《中华人民共和国家庭教育促进法》中五次提到优良家风，引导全社会注重家庭家教家风建设。此外，党的十九届六中全会通过的《中共中央关于党的百年奋斗重大成就和历史经验的决议》指出要"注重家庭家教家风建设"。党的二十大报告再次强调要"加强家庭家教家风建设"。

党员领导干部的家风不是个人小事、家庭私事，而是党员领导干部作风的重要表现，关系党风政风。领导干部的家风建设是党的作风建设的重要内容，是新时代全面从严治党的必然要求。以党纪国法促进党员领导干部的家风建设，不仅是党风廉政建设的基础，也是抵御腐败的重要防线。优良家风可以引领党员领导干部廉洁自律，主动筑牢拒腐防变的"防火墙"，不良

家风则是导致其走向贪腐堕落的"催化剂"。党员领导干部要严格遵守党纪国法的规定，把家风建设摆在党风政风建设的重要位置，常修为政之德，常怀律己之心，常思贪欲之害，把修身齐家落到实处。

全面从严治党与依法治国，迫切需要抓住领导干部这个"关键少数"，推动健全家风建设长效机制，以党员领导干部的优良家风涵养清朗党风政风社风，为实现中华民族伟大复兴的中国梦汇聚磅礴力量。

（来源：《中国纪检监察》，2024年第6期，作者：胡晓青、牛冠恒、于林洋）

后　记

　　加强纪律建设是全面从严治党的治本之策。党的十八大以来,以习近平同志为核心的党中央坚定不移全面从严治党,把纪律建设纳入党的建设总体布局,强化政治纪律和组织纪律,带动各项纪律全面从严、一严到底,坚持纪严于法、执纪执法贯通,深化运用"四种形态"政策策略,把党的纪律规矩鲜明地立起来、严起来,从根本上扭转了管党治党宽松软状况。习近平总书记围绕全面加强党的纪律建设发表的一系列重要论述,立意高远,内涵丰富,思想深刻,对于全面加强党的纪律建设,把严的要求贯彻到党规制定、党纪教育、执纪监督全过程,引导党员干部学纪、知纪、明纪、守纪,真正把纪律规矩转化为思想自觉、政治自觉、行动自觉,确保全党目标一致、团结一致、步调一致,具有十分重要的意义。

　　2024年4月中共中央办公厅印发的《关于在全党开展党纪学习教育的通知》指出,自2024年4月至7月,在全党开展党纪学习教育。《通知》明确,要坚持以习近平新时代中国特色社会主义思想为指导,聚焦解决一些党员、干部对党规党纪不上心、不了解、不掌握等问题,组织党员特别是党员领导干部认真学习《条例》,做到学纪、知纪、明纪、守纪,搞清楚党的纪律规矩是什么,弄明白能干什么、不能干什么,把遵规守纪刻印在心,内化为言行准则,进一步强化纪律意识、加强自我约束、提高免疫力,增强政治定力、纪律定力、道德定力、抵腐定力,始终做到忠诚干净担当。

　　本书基于在全党开展党纪学习教育的实践成效,结合《习近平关于全面加强党的纪律建设论述摘编》的内容，特别是结合全面从严治党最新中央精神要求和广大党员干部工作实际，从纪律是管党治党的"戒尺"、纪律严明是党的光荣传统和独特优势、加强纪律建设是全面从严治党的治本之策、严明政治纪律、增强组织的纪律性、创新党内法规制度、使纪律真正成为带电的高压线、抓住领导干部这个"关键少数"、落实管党治党责任等方面进行了系统翔尽的阐释，有助于广大党员干部深入理解全面从严治党最新精神内核，遵守党的纪律与规矩，坚定维护党的团结统一。

由于时间仓促，加之作者能力水平有限，书稿还存在诸多不足之处，敬请读者不吝批评指正。